KB213740

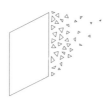

내가 곧 길이요 진리요 생명이니 나로 말미암지 않고는
아버지께로 올 자가 없느니라

산상수훈과 함께 묵상하는

그리스도를 본받아 365

비홀드

이 세상에 가장 큰 기적의 소식이 있다면 하나님의 아들이신 예수께서 우리 안에 사시겠다고 결정하신 것입니다. 그 아들이 우리 안에 계셔서 우리로 하여금 그분의 형상을 본받게 하십니다. 그리스도를 본받는 삶은, 우리 자신에게서 말미암는 갈망이 아니라 우리 안에 계신 예수님께서 우리 안에 심어 두신 것입니다.

오래전, 「그리스도를 본받아」를 처음 읽으며 떨리는 가슴으로 밤잠을 설쳤던 기억이 있습니다. 사랑하는 주님을 먼저 본받으며 달려갔던 신앙의 선배의 흔적을 따라 저 또한 이 책을 벗으로 삼아 지금도 곁에 두며 매일 읽고 있습니다.

「그리스도를 본받아 365」는 평신도들이 읽기에는 다소 부담되는 본서의 분량을 하루하루 묵상할 수 있도록 정리해 준 참 고마운 책입니다. 더욱이 우리 주님의 산상수훈이 함께 실려 그 은혜의 무게를 더해 주고 있습니다.

아무쪼록 이 책이 모든 성도들에게 '어두운 세상 속을 빛으로 살아갈 수 있는 신앙의 길잡이'가 되어 주기를 간절히 기도드립니다.

박보영 목사 · 마가의다락방기도원 원장

이 책은 그리스도를 본받아와 산상수훈(마태복음 5~7장) 말씀을
매일 묵상할 수 있도록 구성되어 있습니다.

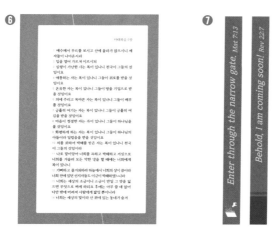

❶ 골방고백 │ 골방에 들어가 시작하는 새 달을 주께 올려 드리며 뜻을 정하여 나아갑니다. '회개·감사·간구·순종'란에 기록합니다.

❷ 메모라인 │ 오늘 하루의 묵상, 다짐, 계획, 기도제목 등을 위아래 라인을 활용하여 자유롭게 메모합니다.

❸ 일일1문장 │ 붙들어야 할 하루 한 문장을 구분해 놓은 것입니다. 나만의 문장에 표시하면 더 좋습니다.

❹ 일일1승 체크 │ 하루 본문과 산상수훈을 다 읽은 후, 일일1승을 다짐하며 '좁은 문'(짝수일) 또는 '양'(홀수일) 모양에 체크합니다.

"좁은 문으로 들어가기를 힘쓰라…." 눅 13:24
"내 양은 내 음성을 들으며 나는 그들을 알며 그들은 나를 따르느니라." 요 10:27

❺ 말씀1구절 │ 보다 깊은 묵상으로 인도합니다.

❻ 산상수훈 │ 마태복음 5~7장 전문을 실었습니다. 매일 쉽게 펼쳐 볼 수 있도록 책의 마지막 부분에 실었습니다.

❼ 북마크 │ 표지의 양 날개 끝부분을 잘라 책갈피로 활용하세요.

지금은 말이 아닌 삶으로 그리스도인임을 드러내야 할 때입니다. 그리스도를 본받기 위한 매일의 몸부림을 통하여 회복과 생명의 역사가 일어나길 소망합니다.

"누구든지 나를 따라오려거든 자기를 부인하고
자기 십자가를 지고 나를 따를 것이니라." 마 16:24

경건한 매일을 위하여

좁은 문으로 들어가기를 힘쓰라

1

당신이 세운 기준이나 당신 마음대로가 아닌
'예수님이라면 어떻게 하실까'
'그분이 기뻐하시는 뜻은 무엇일까'를
먼저 깊이 묵상하고 기도하며 행하십시오

뜻을 정하여 나아가는 1월의 고백

회개

감사

간구

순종

거룩을 갈망하는 자여

십자가를 취하십시오. 그리스도를 따르십시오. 그 러면 영원한 생명을 얻을 것입니다. 그리스도는 십 자가에서의 죽음과 부활을 통하여 영생으로 가는 길을 열어 주셨습니다. 이제 당신도 그리스도를 본 받아 당신의 십자가를 지고 십자가에서 죽으십시 오. 그리스도와 함께 죽으면 그분과 함께 살 것입니 다. 그리스도의 고난에 동참하면 그분과 함께 영광 을 누릴 것입니다. 십자가는 모든 것입니다. 당신은 죽을 때까지 그것을 의지해야 합니다. 십자가의 좁 은 문 외에 참된 평화로 가는 길은 없습니다. 당신 이 원하는 대로, 뜻하는 대로만 간다면 그 길이 아 무리 안전해 보이고 넓을지라도 영생으로 인도하 지 못할 것입니다. 당신의 의지와 판단을 따라 모든 일을 질서 있게 행할지라도 고통이 끊이지 않을 것 입니다. 좁은 문으로 들어가십시오. 진정 십자가를 만났다면 그곳으로 들어가지 않을 수 없습니다.

십자가의 도가 멸망하는 자들에게는 미련한 것이요 구원을 받 는 우리에게는 하나님의 능력이라 고전 1:18

거룩을 갈망하는 자여 그리스도를 발견한 사람은 가장 값진 보물을 발견한 것과 같습니다. 그분은 이 세상 무엇보다 뛰어나십니다. 그분을 잃어버린다는 것은 세상 모든 것을 잃는 것보다 더 끔찍한 일입니다. 그리스도 없이 살아가는 사람은 가장 가난한 자이고, 그분의 은혜로 살아가는 사람은 가장 부요한 자입니다. 늘 화평을 이루고 겸손하십시오. 주님께서 당신과 함께 하실 것입니다. 늘 경건하고 거룩하십시오. 주님께서 당신 안에 거하실 것입니다. 세상을 향한 발걸음은 우리 안에 거하시는 주님을 급히 몰아냅니다. 진정 당신은 누구와 함께 하길 원하고 누구와 친밀히 사귀고 싶습니까? 그 답이 '예수 그리스도'가 아니라면 당신 삶은 매우 슬프고 황량해질 것입니다.

천국은 마치 밭에 감추인 보화와 같으니 사람이 이를 발견한 후 숨겨 두고 기뻐하며 돌아가서 자기의 소유를 다 팔아 그 밭을 사느니라 마 13:44

거룩을 갈망하는 자여

지금은 죄를 짓지 않는 것만으로도 박수를 받고, 다른 사람은 어떻든 내 일만 잘하면 칭찬을 받는 시대가 되었습니다. 우리가 얼마나 신앙을 소홀히 여기고 살아가는지 한번 돌아보십시오. 우리는 구원의 감동을 빠르게 잃어가고 있습니다. 말씀을 듣기만 할 뿐 그대로 살려고 하지 않습니다. 너무 게을러져서 살아가는 것 자체에 싫증을 느끼고 있습니다. 그러나 부디 당신은 그러지 마십시오! 경건했던 믿음의 선조들의 삶을 기억하고 그 길을 따라 걸어가십시오. 박수 받는 곳의 기준은 '천국'이지 '세상'이 되어서는 안 됩니다.

오직 너희는 그리스도의 복음에 합당하게 생활하라 빌 1:27

거룩을 갈망하는 자여

참된 신앙생활을 하면 선한 내면이 선한 행실로 자연스럽게 드러납니다. 그렇다면 당신은 어떻습니까? 혹시 내면보다 겉으로 드러나는 것을 더 중요하게 여기진 않습니까? 우리 하나님은 중심을 보시는 분임을 기억하십시오. 당신은 어디에 있든지 그분께 영광을 돌리고 거룩한 삶을 살아야 합니다. 주님을 의지하여 살아가던 사람이 어느 날부터 경건 훈련을 소홀히 하고 점점 세상 것에 흥미를 느끼기 시작한다면, 결국 어떻게 되겠습니까? 아마도 곧 타락한 옛 생활로 되돌아갈 것입니다. 우리도 방심하는 순간, 타락할 수 있습니다. 경건 훈련에 싫증을 느끼고 그것을 게을리 하면 죄가 틈을 타고 들어와 화를 당하게 될 것입니다. 그때는 아무리 애를 써도 다시 은혜의 자리로 돌아가기란 쉽지 않을 것입니다

마귀에게 틈을 주지 말라 엡 4:27

거룩을 갈망하는 자여

'그리스도께 순종하는 삶'이 가장 중요합니다. 스스로 삶의 주인이 되려 하지 말고 주님께 순종하는 길을 택하십시오. 지금 당신에게 가장 필요한 것은 '순종'입니다. 그런데 많은 사람들이 순종하는 것에 대하여 불만을 터트립니다. 낙심을 핑계 삼아 순종하지 않으려고도 합니다. 그러나 전심으로 복종하지 않는 한, 어느 누구도 평안을 누릴 수 없습니다. 당신은 무엇이든 마음대로 할 수 있으나 권위에 복종하지 않는 한, 온전한 안식을 누리지 못한다는 사실을 잘 알고 있을 것입니다. 진정한 행복은 권위에 복종하는 것을 피하지 않을 때, 비로소 찾아오기 때문입니다. 오직 그리스도가 당신의 주인이 되게 하십시오.

온전하게 되셨은즉 자기에게 순종하는 모든 자에게 영원한 구원의 근원이 되시고 히 5:9

거룩을 갈망하는 자여
그리스도의 위로를 통하여 보상받으려고 하는 사
람이 돈으로 고용된 사람과 무엇이 다릅니까? 자
신의 이익만 구하는 사람은 그리스도를 이용하고
그분을 자기 자신보다 더 사랑하게 될까 봐 늘 따
지고 계산합니다. 당신은 무엇을 보상받기 위하여
주님 곁을 맴돌고 있습니까? 왜 당신 자신보다 그
리스도를 사랑하면 안 되는 것입니까? 저는 이 세
상에서 어떤 대가도 바라지 않는 영적인 사람을 보
고 싶습니다. 진정 모든 피조물로부터 자유하고 가
난한 마음을 가진 사람을 만나고 싶습니다. 과연
그들은 어디에 있습니까?

그러므로 이제는 여호와를 경외하며 온전함과 진실함으로 그
를 섬기라 수 24:14

거룩을 갈망하는 자여

고난은 당신의 가장 안전한 피난처까지 따라갈 것입니다. 이제 고난과 자아의 죽음을 받아들이십시오. 그러면 영적 진보를 이루고 평안을 누릴 것입니다. 우리는 바울처럼 삼층천에 올라간다 할지라도 고통으로부터 벗어날 수 없습니다. 주님은 이렇게 말씀하십니다. "그(바울)가 내 이름을 위하여 얼마나 고난을 받아야 할 것을 내가 그에게 보이리라"(행 9:16). 당신이 주님을 사랑하고 그분만을 섬기길 원한다면 고난은 항상 당신 곁에 있을 것입니다. 당신이 예수의 이름으로 인하여 고난을 받는다면 그것은 복된 일이며 영광이자 기쁨이 될 것입니다. 그때 당신의 신앙은 가장 큰 진보를 이룰 것입니다! 당신은 그리스도를 위하면 위할수록 세상에서 더 큰 고난을 당할 것입니다. 그때 '오늘도 나는 죽음을 향하여 나아가고 있다'라고 생각하십시오. 십자가에서 죽는 것, 그것이야말로 진정 그리스도 안에서 사는 법입니다.

이는 내게 사는 것이 그리스도니 죽는 것도 유익함이라 빌 1:21

거룩을 갈망하는 자여

철이 활활 타오르는 불 속에 던져지면 녹이 사라지고 빛을 내듯, 주께 돌아온 사람은 게으름이라는 녹이 벗겨져 빛나는 새 사람이 됩니다. 본질상 사람은 조금만 긴장이 풀리면 수고하는 것을 싫어하고 편한 것만 찾으려 합니다. 그래서 우리는 늘 자기 자신을 부인해야 합니다. 그래야만 그리스도께서 걸으신 십자가의 길을 담대히 걸어갈 수 있고, 이전에 불순종했던 일들을 다시 감당해낼 수 있습니다. 수많은 이유를 들며 포기했던 십자가가 당신에게도 있을 것입니다. 이제 더 이상 변명하지 마십시오. 그리스도를 본받기 진정으로 원한다면, 지금 당장 그 십자가를 들어 올리십시오.

…누구든지 나를 따라오려거든 자기를 부인하고 자기 십자가를 지고 나를 따를 것이니라 막 8:34

거룩을 갈망하는 자여

그리스도 앞에서 자신의 고집을 꺾는 철저한 통회 없이는 어느 누구도 온전한 하늘의 위로를 받을 수 없습니다. "잠자리에 누워 마음 깊이 반성하면서 눈물을 흘려라"(시 4:4, 새번역). 오늘 이 말씀을 묵상하면서 통회하는 마음을 구하며 골방으로 들어가십시오. 그러면 당신을 붙들고 있는 죄악이 끊어지는 것을 경험하게 될 것입니다. 당신은 골방을 찾으면 찾을수록 그곳을 더욱 사모하게 되고, 골방을 찾지 않으면 않을수록 그곳을 싫어하게 될 것입니다. 신앙생활의 첫 시작부터 '골방 신앙'을 유지해 나간다면, 그곳은 당신에게 특별한 친구가 되어 주고 큰 위로를 줄 것입니다.

너는 기도할 때에 네 골방에 들어가 문을 닫고 은밀한 중에 계신 네 아버지께 기도하라 은밀한 중에 보시는 네 아버지께서 갚으시리라 마 6:6

거룩을 갈망하는 자여 그리스도와 그분의 진리를 사랑하는 사람은 감정에 지배를 받지 않습니다. 마음이 항상 주님을 향하여 있으므로 평안과 기쁨을 누립니다. 사람의 좋은 말이나 생각이 아닌 하늘의 지혜를 귀하게 여깁니다. 언제 어디서나 주님과 함께 하므로 어느 특별한 장소나 시간에 매이지 않습니다. 어렵고 고된 일이 사명의 장애가 되지 않습니다. 세상을 따르지 않습니다. 주위에서 일어나는 일에 휘둘리지 않고 제어할 줄 압니다. 이해하기 어렵고 고집스러운 사람들의 행동에 흔들리거나 영향을 받지 않습니다. 만일 당신이 흔들리고 있다면 그 이유는 다른 사람에게 있는 것이 아닌 당신 자신에게 있습니다. 당신의 진짜 문제는 주님을 의지하지 않고 사랑하지 않는다는 것에 있습니다.

여호와를 의지하는 자는 시온 산이 흔들리지 아니하고 영원히 있음 같도다 시 125:1

거룩을 갈망하는 자여

당신은 누군가에게 지적을 받을 때, 어떻게 반응합니까? 분명 내 결점을 지적받는 일은 화가 나고 부끄러운 일이지만, 한켠 좋은 일이기도 합니다. 그 경험을 통하여 겸손을 배울 수 있기 때문입니다. 자신의 결점을 통하여 스스로 낮아지고 겸손해진 사람은 다른 이의 마음을 어루만지고 위로합니다. 주님의 보호하심 아래 거하며 무엇에도 매이지 않고 자유합니다. 겸손해진 사람은 주님의 더 큰 사랑과 위로를 경험합니다. 업신여김을 당하더라도 그분의 은혜로 영광에 이릅니다. 고난 가운데서도 평안을 누립니다. 하나님은 겸손한 자에게 비밀한 것을 보이시고 그를 가까이 하시는 분이기 때문입니다. 지적 당할 때에 겸손히 받아들이십시오. 노여워하지 말고, 오히려 겸손하지 못한 자신에 대하여 부끄러워하십시오.

…하나님이 교만한 자를 물리치시고 겸손한 자에게 은혜를 주신다 하였느니라 약 4:6

거룩을 갈망하는 자여

당신이 죽음 이후의 삶을 염두에 두고 살아간다면, 보다 온전한 삶을 살아가기 위하여 애쓸 것입니다. 지옥의 극렬한 고통을 염두에 두고 살아간다면, 어떠한 시험이 와도 두려워하지 않고 인내할 것입니다. 그러나 안타깝게도 많은 사람들이 천국과 지옥을 생각하지 않고, 세상의 달콤한 말에 이끌려 살아갑니다. 죽음 이후의 삶에 무관심합니다. 그 이유는 그 영혼이 이미 생명력을 잃었기 때문입니다! 이처럼 당신도 생명력을 잃기 전에, 겸손히 주께 나아가 간구하십시오. 그러면 주께로 돌이킬 수 있도록 도와주시고 계시해 주실 것입니다.

세상 끝에도 이러하리라 천사들이 와서 의인 중에서 악인을
갈라내어 풀무 불에 던져 넣으리니 거기서 울며 이를 갈리라
마 13:49-50

거룩을 갈망하는 자여

내적인 것을 추구하는 사람은 다른 사람과 대면하기 전에 먼저 자신의 근심을 내려놓으려고 애씁니다. 대화할 때도 상대방에게 자신의 염려를 드러내지 않으려고 주의합니다. 우리는 말에 대한 특별한 주의 없이, 즉 침묵 없이 마음의 경건을 유지하기 어렵습니다. 당신은 마음의 참된 평화와 그리스도와의 연합을 진실로 원합니까? 그렇다면 외적인 모든 것을 내어던지고, 보이는 모든 것으로부터 자신을 지켜내십시오. 자기 자신도 지켜내지 못한다면, 그 무엇도 이루지 못할 것입니다.

모든 지킬 만한 것 중에 더욱 네 마음을 지키라 생명의 근원이
이에서 남이니라 잠 4:23

거룩을 갈망하는 자여

만일 당신이 선한 양심으로 살아간다면 어떠한 비난을 들어도 평안 가운데 거할 것입니다. 당신은 칭찬을 받는다고 해서 더 거룩해지는 존재도, 비난을 받는다고 해서 더 더러워지는 존재도 아닙니다. 있는 그대로의 당신 자신일 뿐입니다. 당신은 주님께서 바라보시는 그 이상의 존재가 될 수 없습니다. 그리스도 안에서 당신의 존재를 발견하십시오. 그러면 무엇에도 휘둘리지 않을 것입니다. 세상은 겉으로 보이는 것을 중시하지만 주님은 '중심'을 보십니다. 세상은 결과를 보지만 주님은 '동기'를 보십니다. 부디 당신의 중심과 모든 동기를 그리스도께 맞추십시오.

보소서 주께서는 중심이 진실함을 원하시오니… 시 51:6

거룩을 갈망하는 자여

깨끗한 마음으로 주님께 나아가십시오. 그러나 이는 그분의 은혜가 아니면 불가능한 일입니다. 당신은 은혜 안에서 모든 것을 할 수 있습니다. 그러나 은혜를 놓치면 예전처럼 나약해질 것입니다. 버림받은 마음이 들고, 삶이 고통스러울 것입니다. 혹 지금 이러한 상황에 처해 있진 않습니까? 낙담하거나 포기하지 마십시오. 잠잠히 주님의 뜻을 기다리며 찬송하십시오. 간절히 주님의 은혜를 구하십시오. 추운 겨울이 지나야 따뜻한 봄이 오고 깜깜한 밤이 지나야 밝은 아침이 오듯, 인생의 폭풍이 지나간 후에야 비로소 은혜를 누리게 될 것입니다.

여호와여 우리에게 은혜를 베푸소서 우리가 주를 앙망하오니 주는 아침마다 우리의 팔이 되시며 환난 때에 우리의 구원이 되소서 사 33:2

거룩을 갈망하는 자여 당신이 회개하지 못하도록 가로막고 있는 세상의 모든 위로를 과감하게 끊어내십시오, 당신을 교만하게 만드는 생각에 빠져 있지 마십시오. 그것들은 모두 당신이 하나님과 친밀해지지 못하도록, 거룩하고 정결해지지 못하도록 끊임없이 방해하기 때문입니다. 세상을 사랑하지 말고, 하나님께서 기뻐하시는 일을 하십시오. 날마다 겸손과 회개의 은총을 구하십시오. '자기 부인'의 삶을 간절히 원하십시오. 우리는 값없이 받은 은혜와 고난의 채찍을 통하여 자기 의를 내세우지 않게 되고, 자신의 부족함과 헛됨을 인정하게 됩니다. 오늘, 주님의 은혜에 감사드리며 당신의 죄를 다그치고 징계하십시오.

내가 이르기를 내 허물을 여호와께 자복하리라 하고 주께 내 죄를 아뢰고 내 죄악을 숨기지 아니하였더니 곧 주께서 내 죄악을 사하셨나이다 시 32:5

거룩을 갈망하는 자여

많은 사람들이 아무 문제가 없을 때만 그리스도를 사랑합니다. 하늘의 위로를 내려주실 때만 그리스도를 찬양합니다. 그러나 주님이 자신들이 원하는 모습으로 나타나지 않으면 이내 불평하며 깊은 실의에 빠집니다. 그들과 반대로 자신의 안위를 위해서가 아닌 그리스도를 진정으로 사랑하는 사람들은 이 땅에서 천국을 경험합니다. 그들은 고난과 고통 가운데서도 주님을 높입니다. 그리스도의 위로가 없더라도 찬양과 감사를 멈추지 않습니다. 이처럼 이기심을 벗어난 주를 향한 순결한 사랑이야말로 진정한 능력입니다! 그 사랑은 어떤 것으로도 더럽혀지지 않습니다.

여호와께서 이르시되 내가 너희를 사랑하였노라 하나 너희는 이르기를 주께서 어떻게 우리를 사랑하셨나이까 하는도다 말 1:2

거룩을 갈망하는 자여
신랑 되신 그리스도를 위하여 순결하고 아름답게
단장하십시오. 그분은 당신과 함께 하기를 기뻐하
십니다. 예수님은 이렇게 말씀하십니다. "나의 계
명을 지키는 자라야 나를 사랑하는 자니 나를 사랑
하는 자는 내 아버지께 사랑을 받을 것이요 나도
그를 사랑하여 그에게 나를 나타내리라"(요 14:21).
그리스도는 당신을 풍요롭게 해 주시는 분입니다.
당신을 위하여 모든 것을 공급해 주시는 분입니다.
그러니 이제는 당신 안에 그분을 위한 자리 외에
다른 어떤 자리도 만들지 마십시오. 그리스도 외에
다른 모든 것을 거부하십시오. 그분의 말씀을 지키
십시오. 그러면 당신은 더 이상 사람을 의지할 필
요가 없고, 주님과 영원토록 함께 할 것입니다.

나의 사랑, 나의 어여쁜 자야 일어나서 함께 가자 아 2:13

거룩을 갈망하는 자여

오직 때에 맞는 바른 말이 교훈이 됩니다. 그런데 우리는 너무나 자주 헛된 것, 아무 목적 없는 것에 대하여 오래 이야기합니다. 만일 당신이 이러한 말들로 헛된 시간을 보내고 싶지 않다면 늘 깨어 기도하십시오. 평소에 당신은 말하는 것을 잘 절제하지 못합니까? 그렇다면 영적 성장을 가로막는 아주 무익하고 잘못된 언어 습관을 가지고 있는 것입니다. 거룩한 언어의 습관을 들이십시오. 경건한 대화는 영적 성장에 큰 도움을 주고, 특별히 그리스도 안에서 연합을 이루어 그분의 마음을 품게 합니다.

…말이 많으면 우매한 자의 소리가 나타나느니라 전 5:3

거룩을 갈망하는 자여 학문을 심도 있게 탐구하는 것보다 아주 작은 일이라도 겸손히 행하는 것이 그리스도께 더 가까이 나아가는 길입니다. 이 세상에 범죄가 자주 일어나고 사람들이 무가치한 일에 빠져 있는 이유 중 하나는 우리가 삶을 아름답게 살려고 하기보다 학문에만 심취해 있기 때문입니다. "악한 행실을 뿌리 뽑고 선을 행하자"고 아무리 열변을 토할지라도 행함이 없다면 우리는 세상의 악행과 추문, 불신앙을 막지 못할 것입니다. 심판 날에 당신은 얼마나 많이 알고 있느냐가 아닌 얼마나 많이 순종하였는가를, 얼마나 말을 잘하였느냐가 아닌 얼마나 바르게 살았는가를 판단 받을 것입니다.

내 형제들아 만일 사람이 믿음이 있노라 하고 행함이 없으면 무슨 유익이 있으리요… 약 2:14

거룩을 갈망하는 자여

자극적이고 그럴듯한 말에 현혹되지 마십시오. 그리스도의 빛 안에서 사람들의 말을 주의 깊게 들으십시오. 나약한 우리는 선한 말보다 악한 말을 더 쉽게 받아들입니다. 악한 말에 더 큰 영향을 받습니다. 그러나 정결한 사람은 들리는 모든 말을 쉽게 믿지 않습니다. 인간의 나약함이 악을 향하여 달려가고, 그 악함이 말을 통해 드러난다는 사실을 아주 잘 알고 있기 때문입니다. 무슨 말이 옳은지 혼란스러울 때, 지혜로우며 선한 양심을 가진 사람을 찾아가 상의하십시오. 당신의 기질대로, 약한 모습대로 행동하지 말고 먼저 주님께 물으십시오.

그 말이 좋을지라도 믿지 말 것은 그 마음에 일곱 가지 가증한 것이 있음이니 잠 26:25

거룩을 갈망하는 자여

때로는 의심이나 의문이 성경을 집중해서 읽지 못하도록 방해하곤 합니다. 그때 성경 말씀을 하나하나 따지며 토론하려 들지 말고 있는 그대로 읽고 받아들이십시오. 성경을 학문적 목적으로만 읽으려 하지 마십시오. 겸손하고 깨끗한 마음, 그리고 주를 향한 믿음으로 묵상하십시오. 성경은 어느 한 구절도 목적 없이 기록되지 않았습니다. 당신이 진정 진리를 갈구한다면 어떠한 구절에서도, 단 하나의 단어에서도 살아 역사하시는 하나님의 말씀을 경험할 것입니다. 말씀 앞에 의문과 의심을 앞세우기 전에 주 앞에 엎드려 믿음을 주시기를 간구하십시오.

하나님의 말씀은 살아 있고 활력이 있어 좌우에 날선 어떤 검보다도 예리하여 혼과 영과 및 관절과 골수를 찔러 쪼개기까지 하며 또 마음의 생각과 뜻을 판단하나니 히 4:12

거룩을 갈망하는 자여

정욕을 절제하지 못하는 사람은 유혹에 쉽게 넘어
가고 악에 빠르게 노출됩니다. 자신의 영혼을 무력
하게 만들고 항상 자극적이고 관능적인 것만 찾습
니다. 작은 일도 끝까지 책임지지 못합니다. 누군
가가 자신보다 앞서가면 슬퍼하고, 누군가가 자신
을 훈계하면 화를 냅니다. 이처럼 정욕을 따라 살
면, 결코 평안을 누릴 수 없습니다. 진정한 평안은
솟구치는 정욕에 강하게 저항할 때, 가난한 마음을
가지고 살 때에 비로소 누릴 수 있습니다. 헛된 정
욕에 이끌려 사는 사람에게 평안이란 있을 수 없습
니다. 주님은 신령한 것을 구하는 성도들에게만 평
안을 허락하시기 때문입니다.

특별히 육체를 따라 더러운 정욕 가운데서 행하며 주관하는
이를 멸시하는 자들에게는 형벌할 줄 아시느니라 벧후 2:10

거룩을 갈망하는 자여
사막 교부들은 스스로에게 엄격하였습니다. 세상
일에 초연하였습니다. 항상 뜨겁게 기도하였고 죄
와 피 흘리기까지 싸웠습니다. 낮에는 고된 노동
을 하였고 밤에는 기도하며 예배하였습니다. 일하
는 동안에도 마음속으로 기도를 멈추지 않았습니
다. 게으르지 않기 위하여 시간을 지혜롭게 사용하
였습니다. 고난을 피하지 않았습니다. 사탄의 거센
공격을 받았습니다. 그런데 이 세대 가운데 사막
교부들의 삶이 낯설고 괴이하게까지 느껴지는 이
유는 무엇입니까? 그들의 문제입니까, 우리의 문
제입니까?

부지런하여 게으르지 말고 열심을 품고 주를 섬기라 롬 12:11

거룩을 갈망하는 자여

삶의 가장 큰 장애물 중 하나는 격정과 욕망에 사로잡히는 것입니다. 그런데 사람들은 자신의 감정이나 욕망을 절제하기 위해 노력하기보단 다 표출하고 난 다음에야 후회를 합니다. 조금만 어려운 일을 당해도 쉽게 낙담하고 주위 사람들에게 위로받고 싶어 합니다. 그들은 삶이라는 전쟁터에서 적이 아닌 자기 자신과도 싸워내지 못합니다. 삶이라는 전쟁터에서 용사처럼 일어나길 원합니까? 그렇다면 주님께 도움을 구하십시오! 그 외에 다른 방법은 없습니다. 주님께서 당신을 은혜 안에 굳게 세우시고 승리하게 하실 것을 믿고 나아가십시오.

우리 주 예수 그리스도로 말미암아 우리에게 승리를 주시는 하나님께 감사하노니 고전 15:57

거룩을 갈망하는 자여

유혹에 넘어간 사람들을 향하여 손가락질하지 마십시오. 당신에게도 유혹에 빠져 괴로웠던 시간들이 있지 않았습니까? 그들을 경멸하는 대신, 그때 당신이 그토록 원했던 따스한 위로를 건네십시오. 우리는 마음이 약해져 있을 때, 믿음이 흔들릴 때, 유혹에 쉽게 빠집니다. 특히, 부주의하고 결단력이 약한 사람은 어디를 가든지 유혹에 쉽게 빠집니다. 그 모습은 마치 키 없는 배가 바람에 이리저리 요동치는 것과 같습니다. 그럼에도 유혹의 한 가지 유익이 있다면, 그것은 유혹이 올 때에 자신의 믿음의 민낯을 볼 수 있다는 것입니다. 믿음의 민낯, 당신은 보았습니까?

이는 우리가 이제부터 어린아이가 되지 아니하여 사람의 속임수와 간사한 유혹에 빠져 온갖 교훈의 풍조에 밀려 요동하지 않게 하려 함이라 엡 4:14

거룩을 갈망하는 자여

때때로 당신은 가난한 자들을 위하여 좋은 일을 하곤 합니다. 그러나 아무리 좋은 일이라도 사랑으로 행하지 않았다면 당신에게 아무 유익이 없습니다. 반대로 아무리 하찮은 일이라도 사랑으로 행했다면 반드시 열매가 있을 것입니다. 주님은 우리가 '얼마나 큰일을 하느냐'가 아닌 '그 일을 사랑으로 행하느냐'를 주목하여 보시기 때문입니다. 살면서 보니 사랑이 많은 사람이 선행도 많이 하였습니다. 일을 올바르게 처리하는 사람도 그러하였습니다. 일을 올바르게 처리하는 사람이란, 자기 자신보다 공동체를 섬기는 일에 우선순위를 두고 행하는 사람을 의미합니다. 당신은 타인을 사랑하는 마음이 있는 사람입니까? 당신의 일보다 공동체를 섬기는 일이 먼저인 사람입니까?

내가 내게 있는 모든 것으로 구제하고 또 내 몸을 불사르게 내 줄지라도 사랑이 없으면 내게 아무 유익이 없느니라 고전 13:3

거룩을 갈망하는 자여

당신 스스로도 잘되지 않는 변화를 다른 누군가에게 강요하지 마십시오. 당신도 이 점에 대해서 떳떳하지 않지 않습니까? 온전해지길 원한다면, 먼저 당신의 결점부터 철저히 고치십시오. 어떤 사람은 누군가가 자신의 통제를 벗어나 자유롭게 되는 것을 아주 불쾌하게 여기고, 그들을 자기 울타리 안에 가두어 두려고 합니다. 자기 자신은 아무것에도 구속받고 싶어 하지 않으면서 말입니다. 혹시 당신도 이러한 이중 잣대를 가지고 누군가를 괴롭히고 있진 않은지 한번 돌아보십시오.

외식하는 자여 먼저 네 눈 속에서 들보를 빼어라 그 후에야 밝히 보고 형제의 눈 속에서 티를 빼리라 마 7:5

거룩을 갈망하는 자여

그리스도의 진리의 말씀이 아니면 어떠한 위로도 공허할 뿐입니다. 마리아는 마르다가 와서 "선생님이 오셔서 너를 부르신다"(요 11:28)고 말할 때까지 주저앉아 울고 있었습니다. 그러나 주님께서 부르신 그 순간, 모든 절망이 소망으로 바뀌었습니다. 당신은 그리스도가 없는 삶을 상상할 수 있습니까? 그분 외에 다른 것을 바란다면 그것은 진정 미련하고 허망한 일입니다. 이 세상 전부를 잃는 것보다 더 끔찍한 일입니다. 그리스도가 없는 세상이 당신에게 무엇을 해 줄 수 있겠습니까? 그분 없는 삶은 지옥과도 같습니다. 그러나 그분과 함께라면 매일매일 천국을 경험할 것입니다. 어느 누구도 당신을 해하지 못할 것입니다.

마리아가 이 말을 듣고 급히 일어나 예수께 나아가매 요 11:29

거룩을 갈망하는 자여

그리스도의 생애를 한마디로 표현하면 '십자가의 고난과 죽음'입니다. 십자가에 달리신 주님을 생각할 때에 우리가 어떻게 안락과 향락만을 바랄 수 있겠습니까? 그런데 만일 "나는 고난을 받지 않을 것이다"라고 말한다면 그것은 스스로를 속이는 것입니다. 고통으로 가득 찬 죽을 수밖에 없는 인생은 언제 어디서나 십자가를 만나기 때문입니다. 유한한 인간이 어떻게 십자가로부터 달아날 수 있겠습니까? 어느 위대한 성인이 십자가의 고난 없이 이 땅에 거하였습니까? "그리스도가 이런 고난을 받고 자기의 영광에 들어가야 할 것이 아니냐"(눅 24:26). 예수님도 이 땅에서 매 순간 고난을 당하셨는데 왜 당신만은 예외가 되기를 원합니까?

또 자기 십자가를 지고 나를 따르지 않는 자도 내게 합당하지 아니하니라 마 10:38

거룩을 갈망하는 자여

그리스도와 연합하여 그 사랑 안에 거하면, 자신의 안락을 위하여 더 이상 애쓸 필요가 없습니다. 불편한 것들이 더 이상 불편하지 않습니다. 오히려 고난 가운데서도 기뻐할 것입니다. 그리스도의 사랑이 당신을 강권하고 지켜 줄 것이기 때문입니다. 그리스도와 연합할 때, 당신은 순결한 신부로 단장되고 성령으로 충만할 것입니다. 그러나 아직 세상에 대하여 완전히 죽지 않고 자유하지 못하다면 신부로 단장되기까지 당신은 계속해서 혼란과 불쾌한 일들을 겪어야 할 것입니다. 세상 것에 애착을 둠으로써 자기 마음을 더럽히는 것은 참으로 무가치한 일입니다. 이제 세상이 주는 모든 위로를 거절하고 하늘의 것을 묵상하십시오.

그리스도의 사랑이 우리를 강권하시는도다··· 고후 5:14

2

거창한 무언가를 하려 하지 말고
지금 바로, 그리고 매일, 아주 작은 것부터 하나씩
믿음으로 순종하기 시작하십시오
순종이 없으면 구원의 길도 없습니다

뜻을 정하여 나아가는 2월의 고백

회개

감사

간구

순종

거룩을 갈망하는 자여

모든 어둠으로부터 해방되어 생명의 빛 안에 거하
길 원한다면 그리스도의 전 생애를 아주 면밀히 관
찰하여 그분이 행하신 대로 철저히 행하십시오. 그
리스도의 가르침은 그 어느 위대한 성인의 교훈과
비교할 수 없는 것입니다. 그분을 만난 사람은 '감
추어진 만나'를 찾은 것과 같습니다. 그러나 안타
깝게도 많은 사람들이 주님의 말씀을 듣기만 하고
마음에 두려고 하지 않습니다. 그리스도의 말씀을
온전히 깨닫고 싶어 하지 않습니다. 그분을 따르는
것을 결코 원하지 않습니다. 그 이유는 그들 안에
그리스도의 영이 없기 때문입니다. 그리스도의 삶
에 대한 당신의 진심은 어떻습니까? 오늘도 주님
은 당신에게 "나를 따르라"고 말씀하십니다.

나를 따르는 자는 어둠에 다니지 아니하고 요 8:12

거룩을 갈망하는 자여
더 알고자 하는 지식의 욕구를 피하십시오. 세상의
지식은 당신의 영혼을 만족시키지 못할 뿐 아니라
구원의 길에서도 벗어나게 만들 것입니다. 당신이
아무리 많은 것을 알고 있다 할지라도 거룩하게 살
지 않는다면, 오히려 그 알고 있는 지식으로 인하
여 더 가혹한 심판을 받게 될 것입니다. 그러니 당
신의 지식을 자랑하지 말고 오히려 두려워하십시
오. 당신이 모든 것을 다 알 수 없다는 것을 자각하
고 당신의 무지를 인정하십시오. 왜 당신은 다른
사람들보다 더 많은 것을 알아야 합니까? 왜 다른
사람들보다 더 교양 있어야 합니까?

거룩을 갈망하는 자여

다가올 심판 날에 대하여 깊이 생각하십시오. 그날에 당신은 의로우신 재판장 앞에서 아무것도 감출 수 없습니다. 그분에게는 뇌물이나 어떠한 변명도 통하지 않습니다. 겁을 잔뜩 먹은 상황에서 크게 혼날 때, 얼마나 무섭습니까? 하물며 모든 죄를 낱낱이 알고 계시는 주님 앞에 서는 것은 어떠하겠습니까? 그런데 왜 당신은 어느 누구도 용서받을 수 없고 변호 받을 수 없는 심판 날을 준비하며 살아가지 않습니까? 지금 당신이 해야 할 일은 눈물과 탄식의 기도로 정결케 되는 것밖에 없습니다. 회개하십시오! 천국이 가까이 왔습니다.

회개하라 천국이 가까이 왔느니라… 마 3:2

거룩을 갈망하는 자여

진리는 수사(修辭, 말이나 글을 다듬고 꾸며서 보다 아름답고 정연하게 하는 일이나 그런 기술)가 아닙니다. 성경은 유려한 말로 써진 책도 아닙니다. 우리는 성경에 기록된 모든 말씀을 영으로 읽어야 참 진리를 깨달을 수 있습니다. 당신은 성경을 기꺼이, 그리고 기쁘게 읽어야 합니다. 저자의 문학적 재능이나 권위에 상관없이 진리를 사랑하는 마음으로 읽어야 합니다. 저자가 아닌 말씀 그 자체에 관심을 가져야 합니다. 하나님은 사람을 차별하지 않으시고 여러 사람과 여러 방식으로 그분의 진리를 전하셨습니다. 기억하십시오. 세상의 모든 것이 사라져도 오직 주의 말씀은 영원할 것입니다.

모든 성경은 하나님의 감동으로 된 것으로 교훈과 책망과 바르게 함과 의로 교육하기에 유익하니 딤후 3:16

거룩을 갈망하는 자여

당신이 누군가의 죽음을 직접 목격하지 않았을지라도 상관없습니다. 중요한 것은 '당신은 반드시 죽는다'는 사실입니다. 이것을 꼭 기억하십시오. 오늘부터 아침에 눈을 뜨면 '내가 저녁까지 살지 못할 수도 있겠구나'라고 생각하십시오. 또한 밤이 깊어지면 '곧 새벽이 오리라'고 단언하지 마십시오. 다만, 죽음이 아무 준비되지 않은 당신을 갑자기 취해 가지 않도록 항상 깨어 있으십시오. 죽음은 예기치 않은 순간에 찾아옵니다. 다시 오실 우리 주님처럼 말입니다.

하나님은 이르시되 어리석은 자여 오늘 밤에 네 영혼을 도로 찾으리니 그러면 네 준비한 것이 누구의 것이 되겠느냐 하셨으니 눅 12:20

거룩을 갈망하는 자여 아무에게나 쉽게 당신의 마음을 드러내지 마십시오. 미성숙한 젊은이들이나 관계가 깊지 않은 사람들이 아닌 하나님을 경외하는 지혜로운 사람들과 마음을 나누십시오. 부자들에게 아첨하지 말고 그들과 어울리는 것을 좋아하지 마십시오. 만나는 사람들마다 권면하여 주님께로 인도하십시오. 오직 주님과 그분의 양들을 위하여 그렇게 행하십시오. 결코 사람의 눈에 들려고 애쓰지 마십시오. 사람의 친밀함에는 분명 한계가 있습니다. 평판이 좋은 사람을 직접 만나기 전에는 '그가 얼마나 좋은 사람일까' 상상하며 그에게 끌리지만, 막상 그를 만나 결점을 보게 되면 상상과 다른 모습에 이내 실망하고 싫어하게 되지 않습니까? 그러니 유명한 사람을 쫓아다니지 말고 당신 주위의 겸손하고 검소한 사람, 경건하고 정결한 사람들과 유익한 대화를 나누며 교제하십시오.

…주를 깨끗한 마음으로 부르는 자들과 함께 의와 믿음과 사랑과 화평을 따르라 딤후 2:22

거룩을 갈망하는 자여

한번 대답해 보십시오. 뛰어난 학문으로 영광을 얻은 교사들이 지금 다 어디에 있습니까? 이미 그들의 자리는 새로운 사람들의 차지가 되어 있지 않습니까? 우리의 인생을 한번 돌아보십시오. 세상의 영광은 아주 빨리 지나갑니다! 많은 사람들이 세상의 헛된 지식을 따르다가 하나님을 섬기지 않고 멸망하였습니다. 그들은 겸손해지는 대신 교만을 택하여 헛된 삶을 살았습니다. 겸손한 사람은 진실로 위대합니다. 그는 세상 명예를 구하지 않습니다. 이 땅의 모든 것을 헛된 것으로 여깁니다. 오직 그리스도만을 추구하고 그분의 뜻을 따라 행합니다. 자기 자신을 부인합니다. 바로 이러한 사람이야말로 진실로 학문을 아는 사람입니다.

사람이 교만하면 낮아지게 되겠고 마음이 겸손하면 영예를 얻으리라 잠 29:23

거룩을 갈망하는 자여 두려움에서 해방되고 마음의 평화를 누리길 원한다면, 먼저 죄의 뿌리를 과감하게 도끼로 찍어내십시오. 그러나 우리의 실상은 어떠합니까? 죄와 싸우기는커녕 주님을 처음 만났을 때의 열정과 순수함도 지켜내지 못하고 있습니다. 우리는 신앙의 불을 절대로 꺼뜨려서는 안 됩니다. 혹시 마음은 냉랭하고 율법의 행위만 남아 있진 않습니까? 그렇다면 어서 돌이키십시오. 그리스도를 향한 첫 마음이 조금이라도 남아 있다면 다시 신앙의 불을 지필 수 있습니다.

그러나 너를 책망할 것이 있나니 너의 처음 사랑을 버렸느니라 계 2:4

거룩을 갈망하는 자여

우리는 인생에서 만나는 시련과 고난을 통하여 유익을 얻습니다. 고난은 우리를 연단시키고 어떠한 세속적인 것에도 소망을 두어서는 안 된다는 것을 알게 합니다. 만일 당신이 선을 행한 후에 핍박을 받는다면 그것은 복된 일입니다. 그러한 경험은 당신이 교만해지지 않도록 지켜 주기 때문입니다. 우리가 보이는 것만 주목한다면, 고통으로 가득찬 이 삶이 얼마나 비참하겠습니까? 그러나 실상은 천국으로 나아가는 삶이므로 기꺼이 고난을 감당하십시오.

우리가 주목하는 것은 보이는 것이 아니요 보이지 않는 것이니 보이는 것은 잠깐이요 보이지 않는 것은 영원함이라 고후 4:18

거룩을 갈망하는 자여

살아 있는 동안, 하늘에 영원한 보화를 쌓으십시오. '구원' 외에 중요한 것은 아무것도 없습니다. 오직 하늘의 것에 집중하십시오. 영원한 나라에 소망을 두고 살아간 옛 성인들의 삶을 본받으십시오. 이 땅에서 나그네로 살아가십시오. 세상일에 관여하거나 빠져들지 마십시오. 당신이 영원히 거할 집은 이 땅에 없습니다. 그러니 오히려 더 자유롭게 하나님만 바라보고 나아가십시오. 언젠가 주를 맞이하게 될 그날, 기쁨으로 그 품에 달려갈 수 있도록 날마다 당신의 영혼을 위하여 탄식하며 눈물로 기도하십시오.

그들이 이제는 더 나은 본향을 사모하니 곧 하늘에 있는 것이라… 히 11:16

거룩을 갈망하는 자여

우리는 적당히 멀리 떨어져서 내 감정대로, 내 마음대로 다른 사람들에 대하여 정의내리는 것을 좋아합니다. 그러나 그것이 진실이 아닐 때가 얼마나 많은지 모릅니다. 당신은 누군가를 자주 판단하는 사람입니까? 남에 대하여 거리낌 없이 말하는 사람입니까? 누군가를 판단하는 것은 아주 무익한 일일 뿐 아니라 주께서 미워하시는 죄입니다. 이제는 다른 누군가가 아닌 당신 자신을 좀 돌아보십시오. 그것은 항상 유익한 일입니다.

…그의 눈에 보이는 대로 심판하지 아니하며 그의 귀에 들리는 대로 판단하지 아니하며 사 11:3

거룩을 갈망하는 자여 아무리 보잘것없는 것이라 할지라도 값없이 주신 주님께 감사하십시오. 감사는 더 귀한 것을 받아 누릴 수 있는 자격을 얻는 것과 같습니다. 당신 눈에 아무리 하찮아 보이는 것이라 할지라도 소중하고 특별하게 여기십시오. 당신이 은혜를 베풀어 주시는 분의 위엄을 안다면 어느 것 하나 작거나 하찮게 여기지 못할 것입니다. 때때로 하나님은 은혜의 선물이 아닌 형벌을 내리시기도 합니다. 그 또한 기꺼이 받아들이십시오. 모든 것이 그분의 주권 아래 있기 때문입니다. 하나님의 은혜 안에 거하길 원한다면 그분이 주시는 모든 것에 감사하고 모든 일에 인내하십시오. 기도로써 은혜 안에 거하고, 그 은혜를 놓치지 않도록 깨어 주의하고 겸손하십시오.

의인이여 너희는 여호와로 말미암아 기뻐하며 그의 거룩한 이름에 감사할지어다 시 97:12

거룩을 갈망하는 자여

당신은 이 세상에 명령을 내리려고 오지 않았습니다. 오히려 섬기려고 왔습니다. 당신은 고난을 견디며 묵묵히 순종하기 위하여 부름 받았지, 게으름을 피우거나 잡담으로 시간을 허비하라고 부름 받지 않았습니다. 풀무가 금을 연단하듯 우리 모두는 주님께 연단 받을 것입니다. 그때 하나님 앞에서 전심으로 자신을 낮추지 않으면 어느 누구도 그 시간을 견뎌내지 못할 것입니다. 하나님 외에 다른 것을 구하는 사람, 구원에 대하여 고민해 본 적이 없는 사람, 자신의 죄에 대하여 슬퍼해 본 적이 없는 사람, 주님을 섬기지 않는 사람은 이 땅에서 뿐 아니라 영원히 고통 받을 것입니다.

보라 내가 너를 연단하였으나 은처럼 하지 아니하고 너를 고난의 풀무 불에서 택하였노라 사 48:10

거룩을 갈망하는 자여 믿음의 선조들의 삶을 기억하십시오. 그들은 뜨거운 열정으로 거룩한 모임을 세워 나갔습니다. 기도와 선행에 헌신적이었습니다. 주의 법도를 잘 지켰습니다. 스승의 말에 순종하였습니다. 그들은 주의 영광을 위하여 용감히 싸워 세상을 정복해나갔습니다. 그 거룩한 삶의 증언들이 우리 주위에 여전히 많이 남아 있습니다. 그들의 삶은 본이 되어 우리의 느슨해진 신앙을 바로잡아 줍니다. 불의한 모든 것에 맞서 싸울 힘을 줍니다. 사람들은 세상에서 성공한 사람을 자신의 목표로 삼고 그들의 삶을 본받으려고 합니다. 그러나 당신은 예외여야 합니다. 오직 믿음의 선조들의 거룩하고 경건한 삶을 따르십시오.

그리스도도 너희를 위하여 고난을 받으사 너희에게 본을 끼쳐 그 자취를 따라오게 하려 하셨느니라 벧전 2:21

거룩을 갈망하는 자여

당신은 하나님을 향한 사랑이 식지 않도록 매일 새
롭게 결단하고 주의해야 합니다. 항상 이렇게 기도
하십시오. "제가 주의 거룩한 사역을 위하여 선한
결정을 내릴 수 있도록 도와주소서. 바로 오늘 그
일을 시작할 수 있는 힘을 주시고 인도하여 주소
서. 제가 주님 없이 스스로 이루는 일은 모두 헛될
뿐입니다." 만일 당신이 매순간 깨어 있기 어렵다
면 하루에 한 번만이라도 괜찮습니다. 잠들기 전에
라도 주님 앞으로 나아가 그날 하루를 어떻게 보냈
는지 돌아보십시오.

기도를 계속하고 기도에 감사함으로 깨어 있으라 골 4:2

거룩을 갈망하는 자여 당신의 몸을 쳐서 그리스도께 복종시키십시오. 명예를 포기하고 모욕을 당하십시오. 경멸을 받고 어떠한 역경도 견뎌 내십시오. 이 땅에서의 번영을 기대하는 것은 성도가 걸어가야 할 좁은 길이 아닙니다. 그럼에도 여전히 당신 자신을 주님보다 더 신뢰한다면, 당신은 그 무엇도 감당해낼 수 없을 것입니다. 오직 그리스도만 신뢰하십시오. 그분의 십자가를 사랑하십시오. 그러면 하늘로부터 오는 능력을 입고 당신 자신뿐 아니라 그리스도와 함께 세상을 다스리게 될 것입니다. 굳센 믿음과 그리스도의 십자가로 무장되어 더 이상 사탄을 두려워하지 않게 될 것입니다.

하나님 아는 것을 대적하여 높아진 것을 다 무너뜨리고 모든 생각을 사로잡아 그리스도에게 복종하게 하니 고후 10:5

거룩을 갈망하는 자여

영적 성장을 간절히 원한다면 하나님을 두려워하십시오. 방종하지 마십시오. 모든 감각을 절제하는 훈련을 하십시오. 헛되고 어리석은 것들을 피하십시오. 애통하는 마음을 구하십시오. 그 마음은 축복의 문을 열어 주지만 방탕한 마음은 멸망을 불러일으킵니다. 진정으로 행복한 사람은 '애통'하는 사람입니다. 거룩한 묵상을 하는 사람입니다. 그는 자신의 근심과 죄악, 무거운 짐을 던져 버릴 수 있습니다. 진정한 그리스도인은 늘 애통해 합니다. 그러면 당신은 어떻습니까? 만일 애통하는 마음이 없다면 당신 자신을 한번 바라보십시오. 그러면 애통해 할 수밖에 없을 것입니다.

여호와의 말씀에 너희는 이제라도 금식하고 울며 애통하고 마음을 다하여 내게로 돌아오라 하셨나니 욜 2:12

거룩을 갈망하는 자여

왜 당신은 마음대로 되지 않는다고, 원하는 것을 얻지 못한다고 화를 냅니까? 이 세상에서 누가 자신이 원하는 것을 다 가졌습니까? 그런 사람은 단 한 명도 없습니다. 그러나 참으로 모든 것을 가진 사람이 있습니다. 그는 주님의 이름을 위하여 고난당하는 사람입니다. 믿음이 쉽게 흔들리는 사람은 "저 사람 좀 봐. 얼마나 돈이 많은지, 얼마나 성공했는지!"라고 자주 말하며 부러워합니다. 그러나 당신은 당신의 시선을 하늘의 보화에 고정시키고 흔들리지 마십시오. 그러면 세상의 소유와 성공에 대하여 말하는 것이 얼마나 무가치한지 깨닫게 될 것입니다. 세상의 물질과 성공은 염려와 두려움을 주기에 결국 무거운 짐이 될 것입니다. 그리스도인에게 행복이란 재산의 많고 적음에 있지 않습니다. 자족할 줄 안다면 적은 것으로도 충분합니다.

너는 악인의 형통함을 부러워하지 말며 그와 함께 있으려고 하지도 말지어다 잠 24:1

거룩을 갈망하는 자여

당신은 인생의 마지막 순간이 찾아올 때, 지금까지
살아온 삶을 완전히 다른 시각으로 바라보게 될 것
입니다. 만약 그때까지 단 한 번도 죽음을 준비하
지 않고 살아왔다면 경솔하게 살아온 지난날을 뉘
우치며 절망에 빠질 것입니다. 그러나 지각이 있는
사람은 다릅니다. 항상 죽음을 염두에 두고 살아갑
니다. 이 땅에서 선한 일을 행하길 열망하는 사람,
애통해하는 사람, 하나님의 말씀에 순종하는 사람,
자기 자신을 부인하는 사람, 그리스도를 위하여 모
든 어려움을 견디는 사람은 진정 행복한 죽음을 맞
이할 것입니다.

악인은 그의 환난에 엎드러져도 의인은 그의 죽음에도 소망이
있느니라 잠 14:32

거룩을 갈망하는 자여

정결한 사람은 자신이 받은 상처보다 상처 준 사람의 악의에 대하여 더욱 슬퍼합니다. 그는 원수를 위하여 기도하고 마음으로부터 그를 용서합니다. 또한 잘못한 것이 있으면 주저하지 않고 먼저 가서 용서를 구합니다. 화를 쉽게 내지 않습니다. 모든 사람을 긍휼히 여깁니다. 욕정에 사로잡힐 때, 성령 안에서 자신의 몸을 쳐 복종시킵니다. 당신은 정결한 사람이 되기를 원합니까? 그렇다면 지금 바로 죄를 회개하고 모든 악한 행위를 끊어내십시오. 육신의 만족을 구하지 말고 절제하십시오. 거룩한 삶을 결단하고 굳게 지켜 나간다면 마침내 하늘의 상급을 얻을 것입니다.

맑은 물을 너희에게 뿌려서 너희로 정결하게 하되 곧 너희 모든 더러운 것에서와 모든 우상 숭배에서 너희를 정결하게 할 것이며 겔 36:25

거룩을 갈망하는 자여

하나님을 섬기는 일에 신중하고 부지런하십시오.
"주님만을 위하여 살리라"는 결단과 "영적 성장을
이루리라"는 목적을 가지고 이를 위하여 헌신하십
시오. 그러면 언젠가 그에 대한 보상을 받을 것입
니다. 두려움과 슬픔이 사라지고 진리와 영원한 기
쁨 안에서 안식을 누릴 것입니다. 구원을 위한 더
좋은 소망을 품으십시오. 당신 삶의 나태함과 교만
함을 용납하지 말고 무엇이든 스스로 확신하지 마
십시오. 오늘 하루를 유익하게 보냈다면 밤을 맞을
때에 행복할 것입니다. 잠자리에 들기 전에 당신의
하루를 돌아보며 게으르진 않았는지, 주의 일에 무
관심하진 않았는지 하나하나 되짚어 보십시오. 그
렇게 늘 자신에게 엄격하십시오.

여호와여 내가 밤에 주의 이름을 기억하고 주의 법을 지켰나
이다 시 119:55

거룩을 갈망하는 자여 악으로 쉽게 기울어지는 본성으로부터 도망치십시오. 당신에게 가장 부족한 덕목이 무엇인지 깨닫고 이를 위하여 계속해서 훈련해나가십시오. 당신의 결점과 약점을 극복할 수 있는 방법이 무엇인지 찾으십시오. 가장 좋은 본을 따라 행하고 이를 행할 수 있는 기회를 항상 만드십시오. 누군가가 죄를 범할 때에 무작정 비난하지 말고 같은 죄를 짓지 않도록 주의하십시오. 당신이 다른 사람들을 눈여겨보듯 다른 사람들도 그러하다는 것을 잊지 마십시오.

깨어 의를 행하고 죄를 짓지 말라… 고전 15:34

거룩을 갈망하는 자여

모든 일에는 항상 '끝'이 있다는 것과 지나간 시간
은 결코 되돌릴 수 없다는 것을 명심하십시오. 이
것을 깨닫지 못하고 삶을 부주의하고 불성실하게
살아간다면, 결코 주님이 원하시는 선한 삶을 살
수 없습니다. 미지근한 신앙은 악의 시작점이 되어
나락으로 떨어지게 합니다. 스스로 분발하십시오.
그러면 하나님의 은혜를 힘입어 평화를 누리게 될
것입니다. 만일 지금 자신의 작은 결점 하나 극복
하지 못하고 있다면, 점점 흉악한 죄에 빠지게 될
것입니다. 악의 시작점을 결코 허용하지 마십시오.
죄와 싸우는 것은 분명 육신의 고된 노동보다 훨씬
더 괴로운 일이지만, 그럼에도 당신은 피 흘리기까
지 대항하십시오.

너희가 죄와 싸우되 아직 피 흘리기까지는 대항하지 아니하고
히 12:4

거룩을 갈망하는 자여

사람은 서로 도움을 주고 친밀한 감정을 나누는 존재이기도 하지만, 동시에 참으로 나약하고 변덕스러운 존재이기도 합니다. 그러니 믿었던 사람으로부터 배신을 당하더라도 너무 슬퍼하지 마십시오. 사람이란 오늘 친구였다가도 내일 적이 될 수 있는 그런 존재이지 않습니까? 오직 그리스도께 당신의 모든 믿음을 두십시오. 그분께 모든 근심을 내어 맡기고 그분만을 사랑하십시오. 그러면 가장 좋은 길을 열어 주실 것입니다. 사람들에게 멸시를 당할지라도, 고난 중에 있을지라도 그리스도의 위로 안에 거할 수 있을 것입니다. 사람들이 당신을 헐뜯더라도 그 말을 마음에 담아 두지 않고 주 안에서 늘 당당할 것입니다.

네게 있는 믿음을 하나님 앞에서 스스로 가지고 있으라 롬 14:22

거룩을 갈망하는 자여

지금 우리가 비참한 삶 가운데서도 평안을 누리고 있는 이유는 고난으로부터 자유로워졌기 때문이 아니라, 고난을 겸허히 받아들였기 때문입니다. 겸손한 사람은 고난이야말로 마음의 평안을 누릴 수 있는 가장 확실한 방법이라는 것을 잘 압니다. 그는 자기 자신을 부인하며 살아가는 사람이자 그리스도의 친구이며 하늘나라의 상속자입니다. 고난을 받아들이고 그 안에서 평안을 누리기까지의 과정은 결코 쉽지 않습니다. 그러나 인내하며 당신의 모든 의가 사라질 때까지 낮아지십시오. 그리고 오직 주만 의지하십시오.

그러므로 하나님의 뜻대로 고난을 받는 자들은 또한 선을 행하는 가운데에 그 영혼을 미쁘신 창조주께 의탁할지어다 벧전 4:19

거룩을 갈망하는 자여

이 세상에 하나님의 선하심을 나타내지 못할 만큼 보잘것없고 가치 없는 피조물은 하나도 없습니다. 우리가 선하고 순수하다면 모든 것을 있는 그대로 분명히 보고 이해할 수 있을 것입니다. 순수하고 깨끗한 마음은 이 세상에서 진정한 기쁨을 누리게 하고 선악을 분별하게 해 줍니다. 반면, 악한 마음을 가진 사람들은 온갖 고통과 걱정거리를 가장 잘 구별해냅니다. 오늘 당신의 마음을 철저히 점검해 보십시오. 그러면 당신이 있는 그대로 보고 듣고 받아들이는 사람인지, 아니면 뒤틀린 시각으로 보는 사람인지 알 수 있을 것입니다.

내가 그들에게 한 마음을 주고 그 속에 새 영을 주며 그 몸에서 돌 같은 마음을 제거하고 살처럼 부드러운 마음을 주어 겔 11:19

거룩을 갈망하는 자여

자기 자신을 위하여 구하는 영광은 불완전하며 오래 지속되지도 않습니다. 사람들끼리 서로 주고받는 영광 또한 이내 슬픔으로 귀결되고 맙니다. 영광은 사람의 입술로부터 나오는 것이 아닙니다. 오직 하나님께로부터 나옵니다. 만일 당신이 세상의 영광을 구하고 있다면 그것은 주님의 영광에 전혀 관심이 없다는 증거입니다. 오직 십자가의 영광만을 구하십시오. 입술로만이 아닌, 삶으로 그분께 영광을 돌리십시오.

하나님 곧 우리 아버지께 세세 무궁하도록 영광을 돌릴지어다
아멘 빌 4:20

거룩을 갈망하는 자여 그리스도를 사랑하십시오. 그분을 가장 친밀한 친구로 삼으십시오. 우리 주님은 당신이 그토록 사랑했던 누군가처럼 당신을 버리지 않을 것입니다. 당신을 영원한 죽음의 고통에 홀로 두지 않을 것입니다. 언젠가 당신은 이 세상 사람들과 이별하겠지만 그분과는 영원히 함께 할 것입니다. 그러니 살든지 죽든지 오직 그리스도께만 붙어 있으십시오. 그분만을 신뢰하십시오. 그리스도는 당신의 온전한 마음을 원하십니다. 두 마음 품는 것을 원치 않으십니다. 하나님의 우편에 앉으신 왕으로서 섬김 받기를 원하십니다. 그러므로 다시 한 번 권합니다. 오직 주님만을 사랑하십시오!

너희 모든 성도들아 여호와를 사랑하라… 시 31:23

거룩을 갈망하는 자여

주님께서 그 품에 안아 위로해 주실 때에 감사하십시오. 그 위로는 당신의 '의'로 인하여 당연히 누리는 것이 아닌 오직 하나님의 선물입니다. 그러니 너무 좋아하지도, 우쭐대지도, 그리고 감상에 빠져 있지도 마십시오. 주제 넘는 행동을 하지도 마십시오. 오히려 더욱 겸손히 행하십시오. 그 시간이 지나면 반드시 유혹이 몰려올 것이기 때문입니다. 반면, 하늘의 위로가 떠난 것처럼 느껴질 때도 있을 것입니다. 그때 절망하지 말고 다시금 인내하며 하나님의 나라가 임하도록 구하고 겸손히 기다리십시오.

이르시되 너희를 위로하는 자는 나 곧 나이니라 사 51:12

3

왜 자꾸 사람에게 의논하고
사람에게 회개하고, 사람에게 위로받으려 합니까
당신의 모든 순간을 성령님과 함께 하십시오
먼저 성령님께 물으십시오, 그리고 들으십시오

뜻을 정하여 나아가는 3월의 고백

회개

감사

간구

순종

내 사랑하는 자야

나를 따르라. 나는 길이요 진리요 생명이다! 어느 누구도 길이 없으면 갈 수 없고 진리가 없으면 깨달을 수 없으며 생명이 없으면 살아갈 수 없다. 내가 바로 네가 따라야 할 길이고 믿어야 할 진리이며 소망해야 할 생명이다! 내 길은 불가침이고 진리는 절대적이며 생명은 영원하다. 나는 지극히 곧은길이고 최고의 진리이며 진실하고 복된 생명이다. 내 안에 거하라. 그리하면 진리를 알고 영생을 얻으리라. 영생을 얻길 원한다면 믿음 안에 내 계명을 지키라. 진리를 알길 원한다면 나를 믿으라. 온전해지길 원한다면 네 소유를 모두 팔아 가난한 자에게 주라. 내 제자가 되길 원한다면 너 자신을 부인하라. 하늘에서 존귀해지길 원한다면 이 땅에서 겸손하라. 나와 함께 다스리기를 원한다면 네 십자가를 지고 나를 따르라. 오직 십자가를 따르는 자만이 은총을 입고 진리를 발견할 것이다.

예수께서 이르시되 내가 곧 길이요 진리요 생명이니… 요 14:6

내 사랑하는 자야 네 자신을 다른 사람보다 조금도 낮게 여기지 말라. 마음속으로라도 "나는 좋은 사람이지"라고 하지 말라. 오히려 사람들 앞에서 "나는 아무것도 아닙니다"라고 말하라. 너는 영원한 것이 아니면 그 무엇도 가치 있게 여기지 말고, 오직 진리 안에서 기뻐하라. 아무것도 두려워하지 말고, 아무것도 혐오하지 말라. 악한 행실과 죄로부터 떠나라. 네가 가진 모든 것을 잃는 것보다 '죄'를 더욱 끔찍하게 생각하라. 심판을 두려워하라! 전능자의 분노를 두려워하라.

그가 땅을 심판하러 임하실 것임이로다 그가 의로 세계를 판단하시며 공평으로 그의 백성을 심판하시리로다 시 98:9

내 사랑하는 자야

많은 사람들이 영원하지 않은 세상 것을 얻기 위하여 먼 길도 마다하지 않고 달려가는구나. 그러나 영생을 위해서는 단 한 발자국도 떼려 하지 않는구나. 그들은 조금만 손해를 봐도 보상을 요구하고, 돈 한 푼 때문에 법정에서 서로 싸우는구나. 돈과 명예를 위하여 밤낮으로 고된 일을 하는 것도 주저하지 않는구나. 변치 않는 선, 영원한 상급과 영광을 위해서는 아무것도 하기 싫어하는 자들이여, 스스로를 수치스럽게 여기라. 보라, 모든 상급이 나에게 있고 모든 보응이 내 앞에 있도다!

···보라 상급이 그에게 있고 보응이 그의 앞에 있으며 사 40:10

내 사랑하는 자야 옛 사람을 버리고 온전히 새롭게 되어라. 새 사람을 입으라. 너는 이를 위하여 원하지 않는 일을 경험하고 원하는 것을 포기해야 할 것이다. 다른 사람의 일은 순조롭게 진행되더라도 네 일은 그렇게 되지 않을 것이다. 다른 사람의 말은 박수를 받더라도 네 말은 무시당할 것이다. 다른 사람의 요청은 받아들여지더라도 네 요구는 묵살될 것이다. 다른 사람은 인기를 얻더라도 너는 외면당할 것이다. 다른 사람에게는 여러 일이 맡겨지더라도 너는 쓸모없는 사람으로 평가될 것이다. 너는 이 모든 일을 겪을 때에 슬프겠지만 묵묵히 감당해나가라. 그리하면 더욱 성숙해지고 새롭게 될 것이다. 네가 나의 신실한 종이라면 바로 그 순간을 네 자신을 시험하는 기회로 삼을 것이다. 네 자신을 얼마나 부인할 수 있는지, 네 고집스런 의지를 얼마나 잘 꺾을 수 있는지 한번 시험하여 보라.

하나님을 따라 의와 진리의 거룩함으로 지으심을 받은 새 사람을 입으라 엡 4:24

내 사랑하는 자야

선한 일을 한 후에 그 공을 네 자신이나 다른 사람에게 돌리지 말고 오직 나에게만 돌리라. 오직 나에게만 감사하라. 그리하면 결코 교만해지지 않을 것이다. 네가 나의 은총과 자비 안에 거하면 질투나 옹졸한 마음, 자기 사랑이 네 안에 자리 잡지 못할 것이다. 나의 사랑은 네 모든 것을 정복하고 네 영혼을 강하게 하기 때문이다. 오직 나로 인하여 기뻐하라. 나 외에는 선한 이가 없다. 오직 나만이 모든 것 위에서, 그리고 모든 것 안에서 찬양받기에 합당하다.

감사로 제사를 드리는 자가 나를 영화롭게 하나니 그의 행위를 옳게 하는 자에게 내가 하나님의 구원을 보이리라 시 50:23

내 사랑하는 자야

너는 세상의 것을 끊어내면 낼수록 하늘의 은총을 누리게 될 것이다. 세상의 위로를 거절하면 할수록 세상이 알 수 없는 하늘의 위로를 누리게 될 것이다. 그러나 이를 위하여 너는 먼저 슬픔, 아픔, 저항을 겪게 될 것이다. 이미 굳어져 버린 네 악한 습관들은 선을 향하여 나아가는 네게 대항하며 발버둥 치겠지만 참고 인내하라. 그리하면 언젠가 모든 악한 습관이 사라지고 거룩한 습관을 갖게 될 것이다. 육신은 너를 향하여 불평하겠으나 참고 견디라. 그리하면 영적 삶을 살아가게 될 것이다. 옛 원수 뱀은 너를 찌르겠으나 참고 기도하라. 기도는 너를 날아오르게 하고 굳건히 세워 줄 것이다. 사랑하는 자야, 이제 너는 선한 싸움을 해나갈 것이다.

믿음의 선한 싸움을 싸우라⋯ 딤전 6:12

내 사랑하는 자야

지금 당장 네 불평을 멈추어라. 네가 당하고 있는 고난은 믿음의 선조들이 당한 유혹, 시련, 고통에 비하면 결코 크지 않다. 만일 네가 그들의 괴로움을 조금이라도 알았다면, 지금의 고난을 보다 쉽게 받아들였을 것이다. 그럼에도 여전히 네 고통이 가장 크게 느껴지느냐? 그 이유는 네가 그들의 고통의 크기를 성급하게 판단하였기 때문이다. 그들의 인내를 본받으라. 네가 지혜롭게 행동하는 만큼, 고난을 받아들이는 만큼 상급이 있을 것이다. 네 마음과 삶의 습관을 거룩하게 훈련시켜 나가라. 죄와 피 흘리기까지 싸우라. 그리하면 고난을 보다 쉽게 감내할 수 있을 것이다.

…또 어떤 이들은 더 좋은 부활을 얻고자 하여 심한 고문을 받되 구차히 풀려나기를 원하지 아니하였으며 히 11:35

내 사랑하는 자야 순종하지 않고 나에게서 도망칠수록 너는 나의 은총으로부터 점점 멀어지게 될 것이다. 네 자신의 이익만을 구하며 이 세상을 살아가면 받은 모든 은총을 잃어버리게 될 것이다. 그런데 여전히 너는 순종하려고 하지 않는구나. 왜 육신의 소욕대로 살아가면서 나를 거스르느냐? 왜 내게 불평하느냐? 왜 네 의를 세우기 위하여 죄를 짓느냐? 네 자신을 진리로 다스리길 원한다면 내게 순복하라! 힘써 복종하라! 그렇게 하지 않는다면 네 인생에서 가장 위험한 적은 다른 무엇이 아닌 바로 네 자신이 될 것이다.

하나님의 의를 모르고 자기 의를 세우려고 힘써 하나님의 의에 복종하지 아니하였느니라 롬 10:3

내 사랑하는 자야

결코 이렇게 말하지 말라. "주님, 이제 더 이상 그를 가만히 보고만 있진 않을 것입니다. 그는 제게 엄청난 잘못을 저질렀습니다. 저를 거짓으로 고발하였습니다. 다른 사람이라면 몰라도 그 사람으로 인하여 받는 고난은 정말 싫습니다. 그런 고난이라면 거절하겠습니다!" 이와 같이 반응하는 것은 인내의 덕과 인내로써 받을 상급을 모두 무시하는 미련한 행동이다. 이는 너를 괴롭히는 사람과 네가 받고 있는 모욕에만 초점을 둔 것일 뿐이다. 만일 네가 바라는 만큼만 고난을 받고, 네가 원하는 사람에게만 고통을 받는다면, 어찌 그것을 참된 인내라 부를 수 있겠느냐? 참된 인내란 고난이 어떤 사람에게서 오든 구분하지 않고 나만을 신뢰하며 견디는 것이다.

보라 인내하는 자를 우리가 복되다 하나니 약 5:11

　　　　　　　　　내 사랑하는 자야
나를 사랑하면 나의 선한 뜻과 판단만큼 너를 기쁘
게 하는 것은 없을 것이다. 나를 사랑하면 작은 것
에도 감사하고 그것에 만족하며 위로를 얻을 것이
다. 나를 사랑하면 세상의 추앙과 명성 대신 멸시
와 경멸을 택할 것이다. 맨 끝자리에 앉아 있어도
맨 앞자리에 앉아 있는 것처럼 만족해할 것이다.
나를 사랑하면 내 뜻과 내 이름, 내 모든 것을 더욱
사랑하게 될 것이다. 그것은 지금까지 누렸고, 또
앞으로 누리게 될 모든 은총보다 더 큰 위로와 기
쁨이 될 것이다. 내 사랑하는 자야, 네가 나를 사랑
하느냐?

⋯네가 나를 사랑하느냐⋯ 요 21:17

내 사랑하는 자야

이 세상에는 아무 걸림돌도 없는 일, 아무 아픔도 없는 일이란 없다. 그것은 오직 나의 나라에서만 가능하다. 그러니 지금 네가 슬퍼할 일이 없고 모든 일이 아무 방해 없이 잘되더라도 그것을 참된 평화라고 착각하지 말라. 모든 일이 네 바람대로 이루어질지라도 네가 완벽하다고 착각하지 말라. 어떠한 희생을 치렀을지라도 스스로를 위대하다고 여기지 말라. 놀라운 영적 체험을 했을지라도 너만 특별한 사랑을 받고 있다고 착각하지 말라. 이러한 착각 속에 빠져 평생을 살아간다면 네 삶은 엄청난 비극이 될 것이다.

내 사랑하는 자야

온전한 자유와 은총을 누리길 원한다면, 모든 행동에 앞서 네 자신을 내게 온전히 바치라. 나에게 네 자유의지를 귀속시키지 않고 온전히 나를 의지하지 않으면, 네 헌신은 아무 의미 없고 우리의 연합은 불완전할 것이다. 많은 사람들이 자유하지 못하고 깨닫지 못하는 이유가 바로 여기에 있다. 그들은 자기 자신을 어떻게 포기해야 하는지 아직 모른다. 너희 중 누구든지 자기의 모든 소유를 버리지 아니하면 능히 내 제자가 되지 못할 것이다. 진정 내 제자가 되고 싶으냐? 그렇다면 네 자신을 거룩한 산제사로 드리라.

이와 같이 너희 중의 누구든지 자기의 모든 소유를 버리지 아니하면 능히 내 제자가 되지 못하리라 눅 14:33

내 사랑하는 자야

글을 쓰면서, 책을 읽으면서, 찬양하면서, 애통해
하면서, 침묵하면서, 기도하면서 그렇게 네 고난
을 품고 나아가라. '영원한 생명'은 모든 고난을 참
고 견딜 만한 충분한 가치가 있지 않느냐? 완전한
평화의 날을 맞을 때가 반드시 오리니 인내하고 또
인내하라. 그날에는 해나 달의 빛이 쓸데없으니 이
는 나의 영광이 빛이 되고 어린양이 등불이 될 것
이다. 그날에 너는 온전한 안식을 누리게 될 것이
다. 그리고 더 이상 "이 사망의 몸에서 누가 나를
건져내랴"(롬 7:24)라고 한탄하지도, "머무는 것이
내게 화로다 내가 화평을 미워하는 자들과 함께 오
래 거주하였도다"(시 120:5-6)라고 울부짖지도 않을
것이다. 죽음은 물러가고 영생을 얻을 것이다. 걱
정은 사라지고 은혜가 넘치며 오직 기쁨과 거룩한
사귐만이 있을 것이다.

그 성은 해나 달의 비침이 쓸 데 없으니 이는 하나님의 영광이
비치고 어린양이 그 등불이 되심이라 계 21:23

내 사랑하는 자야

나는 환난 중에 만날 큰 도움이라! 네 문제를 모두 내게로 가지고 나아오라. 그런데 가장 큰 걸림돌이 바로 네 자신이로구나. 그 이유는 네가 기도하지 않고, 늘 세상과 나 사이에서 머뭇거리기 때문이다. 이제 더 이상 세상이 주는 기쁨을 찾지 말고 하늘의 위로를 구하라. 세상이 주는 위로는 이내 사라지지만 나는 나를 의뢰하는 자들을 영원히 구원할 것이다. 사랑하는 자야, 언제까지 머뭇거리겠느냐? 지금 바로 네 기도의 입술을 열라.

하나님은 우리의 피난처시요 힘이시니 환난 중에 만날 큰 도움이시라 시 46:1

내 사랑하는 자야

완전함으로 나아가는 길에 대하여 들으니 오히려
더 막막해지느냐? 그렇다고 절망하거나 딴 길로
가지 말고 더욱 힘을 내어 이를 위하여 간구하라.
사람을 기쁘게 하려는 마음을 내려놓아라. 세상의
지혜를 얻기 위하여 아등바등하지 말라. 오히려 가
장 비천한 것을 취하라. 스스로 높은 체하지 말고
땅의 영광을 구하지 말라. 이 땅에서 아무것도 아
닌 자처럼, 가장 비천한 자처럼 살아가라. 그런데
많은 사람들이 입술로는 이러한 삶을 찬양하면서
실제 삶은 나의 뜻과 아주 멀구나. 기억하라, 나의
길은 결코 넓지 않고 쉽지 않음을! 기억하라, 하늘
의 지혜는 극히 값진 진주처럼 감추어져 있음을!

내가 너를 권하노니 내게서 불로 연단한 금을 사서 부요하게
하고 흰 옷을 사서 입어 벌거벗은 수치를 보이지 않게 하고 안
약을 사서 눈에 발라 보게 하라 계 3:18

내 사랑하는 자야 네 느낌과 감정을 신뢰하지 말라. 그것은 수시로 변하는 것이 아니냐? 만일 네 느낌만 믿고 산다면 그 변덕스러움으로 인하여 평생 안절부절 하며 불안해 할 것이다. 때로는 즐거우나 슬프고, 때로는 평안하나 불안하고, 때로는 거룩하나 불결하고, 때로는 근면하나 게으르고, 때로는 활기차나 죽을 듯 괴로울 것이다. 그러나 영생을 위한 가르침을 받는 지혜로운 사람은 수시로 바뀌는 느낌과 감정에 영향을 받지 않는다. 오히려 자신이 해야 할 일과 바라는 소망에 집중한다. 아무리 큰 어려움을 당해도 평안을 누리고, 아무리 많은 변화를 경험해도 나를 향한 확고한 마음으로 흔들리지 않고 굳게 설 수 있게 된다. 그의 순수하고 진실한 의지는 폭풍이 지나가도 약해지지 않고 더욱 든든히 세워질 것이다. 그럼에도 너는 느낌대로, 감정대로 살아가길 원하느냐?

오직 그만이 나의 반석이시요 나의 구원이시요 나의 요새이시니 내가 흔들리지 아니하리로다 시 62:6

내 사랑하는 자야

이 땅에서 위로받기를 원하느냐? 늘 누군가가 너를 위로해 주기를 원하느냐? 그러나 나의 자녀는 어느 누구도 그렇게 살지 못하였다. 오히려 여러 고난과 유혹을 경험하였고 황폐함 가운데 살았다. 그들은 모든 역경을 '위로'가 아닌 '인내'로 돌파하였다. 그때마다 '자기 자신'이 아닌 '나'를 신뢰하였다. 현재의 고난이 장차 나타날 영광과 비교할 수 없다는 것을 믿었다. 사랑하는 자야, 그 영광은 원한다고 해서 당장 누릴 수 있는 것이 아니다. 많은 눈물을 흘리고 희생을 치른 후에야 간신히 손에 넣을 수 있는 것이다. 인내함으로 나를 기다리라. 용기를 갖고 담대히 행하라. 진리를 놓치지 말라. 내 영광을 위하여 네 영혼육을 단련하라. 그리하면 내가 네게 가장 풍성한 것으로 보상해 줄 것이다. 네 모든 고난 가운데 함께 할 것이다.

우리가 환난 당하는 것도 너희가 위로와 구원을 받게 하려는 것이요… 고후 1:6

내 사랑하는 자야

사람들의 말에 일일이 다 반응하지 말라. 그들은 과장해서 말하기를 좋아하지 않느냐? 모든 사람을 만족시키려 하지 말라. 그것은 불가능한 일이지 않느냐? 주 안에서 모두를 기쁘게 하기 위하여 여러 사람에게 여러 모습으로 다가간(고전 9:22) 사도 바울은 사람들의 말과 판단에 결코 위축되지 않았다. 영혼 구원을 위하여 자신이 할 수 있는 모든 방법으로 수고한 그는 사람들에게 멸시를 받을 때에 결코 도망치지 않았다. 그는 자신을 향하여 쏟아지는 모든 부정한 소리, 즉 어리석은 말, 거짓, 고발하는 함성을 모두 내게 맡기고 오직 인내와 겸손으로 자신을 방어하였다. 때로는 침묵이 모욕으로 돌아오지 않도록 입을 열어 담대히 선포하기도 하였다. 바울은 결코 자신의 강함을 드러내지 않고 진리를 위하여 행동하였으며 사람이 아닌 나를 기쁘게 하였다. 그렇다면 오늘 네 선택은 무엇이냐?

내가 부득불 자랑할진대 내가 약한 것을 자랑하리라 고후 11:30

내 사랑하는 자야

네 자신을 부인하면 할수록 너는 영적으로 성장해 나갈 것이다. 나의 기쁨이 되고 하늘에 공적을 남길 것이다. 그러나 많은 이들이 말로는 자기 자신을 부인한다고 하면서 삶은 전혀 그렇지 않구나. 나를 신뢰하지 않고 자기 유익을 위하여 살아가는구나. 때론 자신을 부인하려고 애쓰기도 하지만 유혹이 오면 바로 포기하고 마는구나. 사랑하는 자야, 그들은 결국 참 자유를 누리지 못할 것이다. 자기 자신을 부인하지 않고는, 내게 헌신하지 않고는 어느 누구도 나의 기쁨과 은총을 누리지 못할 것이다. 그는 현재뿐 아니라 앞으로도 열매를 맺지 못할 것이다. 그러니 네 자신을 부인하는 훈련을 끊임없이 하라.

이에 예수께서 제자들에게 이르시되 누구든지 나를 따라오려거든 자기를 부인하고 자기 십자가를 지고 나를 따를 것이니라
마 16:24

내 사랑하는 자야 눈에 보이는 결과만으로 만족해하지 말라. 육의 눈으로만 보지 말고 모세처럼 장막으로 들어와 내 음성에 귀를 기울이라. 그리하면 현재와 미래에 대한 교훈을 얻게 될 것이다. 모세는 문제가 생길 때마다, 위험에 처할 때마다, 백성들이 죄를 범할 때마다 장막으로 나아와 내게 간구하였다. 너도 이와 같이 은밀한 곳을 피난처 삼아 그곳에서 나를 구하라. 여호수아와 이스라엘 백성이 내게 묻지 않아 기브온 사람들에게 속은 사건을 기억하라(수 9:14). 그들은 눈에 보이는 것과 그럴듯한 말에 현혹되어 거짓에 속지 않았느냐? 네가 아무리 확신하는 일이라 할지라도 내게 나아와 묻는 것을 잊지 말라.

여호와께서는 자기에게 간구하는 모든 자 곧 진실하게 간구하는 모든 자에게 가까이 하시는도다 시 145:18

내 사랑하는 자야

모든 은밀한 일을 판단하는 자는 오직 나뿐이다. 나는 세상에서 일어나는 모든 일을 알고 있다. 누가 상처를 주고 누가 상처를 받았는지 다 알고 있다. 나는 이 세상의 모든 말을 들었으므로 그 하나하나를 판단할 것이다. 너희 마음의 생각을 모두 드러내고 심판할 것이다. 사람의 증언은 불완전하나 나의 판단은 항상 진실하고 의로우며 결코 번복되지 않는다. 그러나 이 진리를 깨달아 아는 자들이 그리 많지 않구나. 사랑하는 자야, 내가 은밀한 중에 네 모든 것을 감찰하고 있다는 것을 잊지 말라. 그날에 모든 것이 밝히 드러나리라.

만일 내가 판단하여도 내 판단이 참되니 이는 내가 혼자 있는 것이 아니요 나를 보내신 이가 나와 함께 계심이라 요 8:16

내 사랑하는 자야 썩어 없어질 세상 것을 경멸하고 혐오하라. 영원한 것을 추구하라. 하늘의 것을 갈망하고 세상 영광으로부터 멀어지라. 사람들의 비판을 겸허히 받아들이라. 오직 네 모든 소망을 나에게 두라. 나로부터 멀어지게 만드는 그 어떤 것도 구하지 말라. 더 알고 싶은 세상의 지식을 포기하라. 그 무엇보다 나를 사랑하라. 나를 사랑하는 자는 나와 친밀한 교제 가운데 진리의 말씀을 듣고 그것을 선포하게 될 것이다. 사랑하는 자야, 네 존재는 세상의 무엇으로도 빛날 수 없고 새로워질 수 없음을 기억하라.

너희가 거듭난 것은 썩어질 씨로 된 것이 아니요 썩지 아니할 씨로 된 것이니 살아 있고 항상 있는 하나님의 말씀으로 되었느니라 벧전 1:23

내 사랑하는 자야

세상 사람들이 외치는 말에 가치를 두지 말고 오직 내 음성에 귀를 기울이라. 사람들이 온갖 거짓으로 공격할지라도 마음에 두지 말고 그 말을 길가의 잡초처럼 하찮게 여기라. 그리하면 그 날카로운 말들이 네게 아무 해도 끼치지 못할 것이다. 사람의 말로 머리카락 한 올이라도 뽑을 수 있느냐? 그러나 자기 마음을 지키지 않는 자, 내 앞에서 살아가지 않는 자는 자신을 비방하는 말에 쉽게 흔들리고 무너질 것이다. 다시 한 번 말하노니 스스로 판단하지 말라. 오직 나만을 신뢰하라. 그리하면 사람이 주는 두려움에서 온전히 자유로워질 것이다.

내 양은 내 음성을 들으며 나는 그들을 알며 그들은 나를 따르느니라 요 10:27

내 사랑하는 자야 나를 위하여 지쳐 쓰러지기까지 수고하지 말고 그 일을 감당하기 위하여 근심하지 말라. 오직 내가 "너희를 위로하는 자는 나 곧 나이니라"라고 약속한 그 말씀 위에 굳게 서라. 그리하면 내가 모든 수단과 방법을 초월하여 네게 보상해 줄 것이다. 이 땅에서의 수고와 슬픔은 영원하지 않다. 시간과 함께 사라져 버리는 세상 것들이 얼마나 순간적이고 보잘것없는가를 보라! 이제 조금 있으면 모든 수고와 근심이 사라질 때가 올 것이다. 그러니 선한 일을 행하라. 나의 포도원을 성실히 돌보아라.

…이는 하나님을 믿는 자들로 하여금 조심하여 선한 일을 힘쓰게 하려 함이라 이것은 아름다우며 사람들에게 유익하니라
딛 3:8

내 사랑하는 자야

사람들의 그럴듯한 말에 넘어가지 말라. 나의 나라
는 말에 있지 않고 오직 능력에 있다! 오직 나의 음
성을 주의하여 들으라. 내 입술의 말은 네 마음에
불을 밝혀 일깨워주고 통회하는 심령을 주며 마음
을 위로해 줄 것이다. 학식이 높은 사람처럼 보이
려고 난해한 책을 읽지 말라. 오히려 악한 마음을
제어하는 법을 배우라. 그것은 난해한 문제의 답을
푸는 것보다 훨씬 더 유익하다. 너는 많은 것을 읽
고 배울지라도 언제나 단 하나의 원칙으로 돌아오
라. "너희를 가르치는 이는 오직 나이다!" 내게로
와서 가르침을 받아라. 그리하면 하늘의 지혜를 얻
고 영혼의 유익을 얻을 것이다. 그러나 호기심을
유발하는 것에만 관심을 갖는 자, 나를 섬기는 일
에 무관심한 자에게는 화가 임할 것이다.

여호와의 율법은 완전하여 영혼을 소성시키며 여호와의 증거
는 확실하여 우둔한 자를 지혜롭게 하며 시 19:7

내 사랑하는 자야 나는 내 백성 가운데 지극히 작은 자 하나라도 경멸하는 자를 귀히 여기지 않을 것이다. 그들 중 하나를 비방하는 것은, 곧 나와 내 나라에 속한 모든 것을 비방하는 것과 같기 때문이다. 내 나라에서는 모두가 사랑의 띠로 묶여 있으며 같은 마음과 뜻을 품고 서로 사랑하기 때문이다. 내 백성들은 그들 자신보다, 그들이 쌓은 위대한 공적보다 더 나를 사랑한다. 내 안에서 진정한 안식을 누린다. 그들의 심령은 영원한 진리로 충만하고 꺼지지 않는 사랑으로 불타오른다. 결코 낙담하지 않으며 내게서 멀어지지 않는다. 낮아지는 것을 기뻐하고 낮은 자를 귀히 여긴다. 그런데 왜 너는 편을 가르고 사람을 가려 사귀느냐? 너는 어떠한 자이기에 작은 자를 업신여기느냐?

삼가 이 작은 자 중의 하나도 업신여기지 말라 너희에게 말하노니 그들의 천사들이 하늘에서 하늘에 계신 내 아버지의 얼굴을 항상 뵈옵느니라 마 18:10

내 사랑하는 자야

'본성'과 '은총', 이 상반된 개념을 주의하여 살펴보라. 이 둘은 서로 이질적이나 미묘하게 닮아 영적으로 성숙한 자들이 아니면 잘 분별하지 못한다. 사람들은 선한 것을 좋아하므로 선한 말과 행동을 하길 원한다. 그러나 사람들의 선한 모습에 얼마나 많은 거짓이 내포되어 있는지 보라. 본성은 교활하여 많은 사람들을 미혹하고 속여 덫에 걸리게 한다. 반면, 은총은 진실하고 모든 악에서 돌이키게 한다. 그리스도를 위하여 순수한 마음으로 행한다. 본성은 모든 영광을 자신에게 돌리며 자기 자신을 위하여 싸운다. 반면, 은총은 나에게 모든 영광을 돌린다. 자기 자신이 죄인임을 알기에 교만해지거나 주제넘게 행동하지 않는다. 자신을 주장하지 않고 다른 사람들의 뜻을 존중하며 모든 문제를 하늘의 지혜와 뜻에 맡긴다. 이 세상에서는 본성을 따라 사는 사람이 더 강해 보이지만, 생명은 오직 은총을 입은 사람만이 흘려보낼 수 있다.

화 있을진저 이 사람들이여, 가인의 길에 행하였으며 삯을 위하여 발람의 어그러진 길로 몰려 갔으며 고라의 패역을 따라 멸망을 받았도다 유 1:11

내 사랑하는 자야 사탄이 악한 말로 네게 속삭일 때에 대적하여 물리쳐라. "더러운 말로 속이는 사탄아, 내게서 떠나가라! 너는 내게서 아무것도 얻을 수 없다. 나는 네게 복종하느니 차라리 모든 고통을 선택하겠다. 사탄아, 내 앞에서 잠잠하라! 네가 많은 것으로 근심하게 할지라도 나는 그것을 조금도 취하지 않을 것이다. 사탄아, 너는 나의 힘이 되신 예수 그리스도로 인하여 상하게 될 것이다. 주는 나의 빛이요 나의 구원이시니 내가 누구를 두려워하리오! 많은 군대가 나를 향하여 진 칠지라도 두려워하지 않으리로다. 나의 구원자는 오직 주님 한 분뿐이시로다!" 사랑하는 자야, 좋은 군사가 되어 싸우라. 네 약함으로 인하여 넘어질지라도 나의 한없는 은총을 힘입어 다시 일어나라.

이에 예수께서 말씀하시되 사탄아 물러가라… 마 4:10

내 사랑하는 자야

네가 나를 섬기도록 인도하는 '헌신의 은총'을 누리고 있다는 사실을 모두에게 감추어라. 그것이 네가 교만해지는 것보다 훨씬 낮고 안전하다. 스스로 낮아지고 더 낮아지라. 교만이 네게 아무 유익을 주지 못한다는 것을 명심하고, 그것에 집착하지 말라. 은총을 누릴 때에 그것에 취해 있지 말고, 은총을 받지 못했던 예전의 삶이 얼마나 비참하였는가를 생각하라. 영적 삶의 진보는 위로를 받을 때가 아닌, 오히려 겸손할 때, 포기할 때, 그리고 인내할 때에 이루어짐을 기억하라. 또한 기도의 불씨를 꺼트리지 말고 지극히 작은 일에 충성하라. 지금까지 세상에서 배우고 행동한 것과 정반대로 행동하라. 네 마음은 쉽게 냉담해지고 쉽게 근심에 빠지므로 네 자신을 연단하는 일을 게을리 하지 말라.

겸손한 자와 함께 하여 마음을 낮추는 것이 교만한 자와 함께 하여 탈취물을 나누는 것보다 나으니라 잠 16:19

내 사랑하는 자야 열정적으로 무언가를 애타게 구하다가도 막상 그것을 손에 넣으면 금세 마음이 식어버리는 사람들이 있다. 그들은 금세 싫증을 느끼고 늘 무언가 새로운 것을 찾아 헤맨다. '자기만족'을 위하여 사는 그들에게 '자기 부인'의 삶이란 결코 쉽지 않다. 그렇다면 너는 어떠하냐? 내가 살아가는 삶의 방식은 자기만족과 자기 부인 둘 중 무엇에 더 가까우냐? 네 유익이 먼저냐, 아니면 남의 유익이 먼저냐? 진실로 인간은 자기 부인을 통하여 성장하고, 그렇게 성장한 이들은 자유롭고 안전하다는 것을 기억하라.

···자신의 유익을 구하지 아니하고 많은 사람의 유익을 구하여 그들로 구원을 받게 하라 고전 10:33

내 사랑하는 자야

모든 사람이 너를 사랑할지라도 너는 오직 나만을 온전히 사랑하라. 죄인을 위하여 십자가에 달린 나를 온 힘 다하여 사랑하라. 그리고 이제는 원수까지도 사랑하라. 그들이 내 사랑을 알게 될 때까지 사랑하라. 하늘에 속한 일을 할 때에 사람의 칭찬이나 호의, 사랑을 기대하지 말라. 오직 나만을 기대하고 내가 너와 함께 하기를 구하라. 세상이 흔들릴지라도 내 안에서 정결하고 자유하라. 어느 누구도 나 없이 행복할 수 없다!

나는 너희에게 이르노니 너희 원수를 사랑하며 너희를 박해하는 자를 위하여 기도하라 마 5:44

4

당신의 비위를 건드리지 않는 선까지만
말씀을 허용하고 있진 않습니까
회개하십시오, 당신이 정말 그리스도를 만났다면
절대로 그렇게 살 수 없습니다

뜻을 정하여 나아가는 4월의 고백

회개

감사

간구

순종

내 사랑하는 주님

많은 사람들이 땅에 묻힌 성인들의 유적과 그 영광을 보기 위하여 먼 여정도 마다하지 않습니다. 어떤 사람은 성인들의 훌륭한 업적을 기리며 감탄하기도 하고, 어떤 사람은 비단과 황금으로 쌓인 유물에 입을 맞추기도 합니다. 그러나 나의 하나님이시요, 창조주이시요, 감히 성인들과 비교할 수 없는 천사들의 주 되신 그리스도께서 바로 지금 저와 함께 계십니다! 저는 다른 새로운 곳이 아닌 바로 이곳에서 주님께 경배하길 원합니다. 많은 사람들이 성인들의 유적지를 찾는 이유는 새로운 자극을 받아 보다 나은 삶을 살기 위함일 것입니다. 그러나 참된 회개 없이 이곳저곳을 다니는 것이 무슨 소용 있겠습니까? 우리의 삶은 회개 없이 결코 변화될 수 없습니다. 주님, 우리의 열심과 열정이 회개보다 앞서지 않도록 도와주소서.

내가 의인을 부르러 온 것이 아니요 죄인을 불러 회개시키러 왔노라 눅 5:32

내 사랑하는 주님

끝없이 흘러넘치는 주님의 사랑은 아무리 커도 부담스럽지 않습니다. 그 사랑은 늘 깨어 있으며 결코 쇠하지 않습니다. 그 사랑은 가진 능력 이상을 해낼 수 있도록 힘을 주며 결코 '불가능'을 말하지 않습니다. 그래서 주님을 사랑하면 할수록 무엇이든 할 수 있다는 용기와 믿음이 더욱 강해집니다. 그 사랑은 실패를 두려워하지 않고 모든 일을 해냅니다. 그 사랑은 아무리 짓눌러도 항복하지 않으며 항상 불타는 횃불처럼 솟구쳐 오릅니다. 어떠한 장애를 만나도 해를 입지 않습니다. 주님, 그 영원하신 사랑을 더욱 더 경험하길 원합니다.

사랑은 언제까지나 떨어지지 아니하되… 고전 13:8

내 사랑하는 주님

먼지와 재와 같은 제가 감히 주께 무슨 말을 할 수 있겠습니까? 만일 제가 주님 앞에서 스스로를 조금이라도 높인다면 그것은 제가 죄인임을 드러내는 것뿐입니다. 이제 저는 이 땅에서 스스로 낮아져 제 자신을 무가치하게 여길 것입니다. 그러면 주님의 은총으로 인하여 제 안에 쓸모없는 자존심과 무가치한 모든 것이 사라질 것입니다. 그때 주님은 제가 누구인지, 과거에 무엇을 했고, 어디로 갈지에 대하여 가르쳐 주실 것입니다. 진실로 저는 아무것도 아니며 혼자서는 아무것도 깨닫지 못하는 연약한 존재일 뿐입니다. 그러나 주께서 돌보아 주시면, 저는 그 즉시 강해지고 기쁨이 넘칠 것입니다. 모든 무거운 짐들이 사라지고 자비하신 주님 품에 안식할 것입니다. 이 얼마나 놀라운 일인지요!

그가 영원토록 지극한 복을 받게 하시며 주 앞에서 기쁘고 즐겁게 하시나이다 시 21:6

내 사랑하는 주님

제가 죄에 빠질 때마다 고난을 통하여 탄식하게 해 주셔서 감사합니다. 주님은 죽이기도 하시고 살리기도 하시며 스올에 내리기도 하시고 올리기도 하시는 분입니다(삼상 2:6). 찢으셨으나 도로 낫게 하시고 치셨으나 싸매어 주시는 분입니다(호 6:1). 나의 위로자, 나의 치료자 되시는 주님, 저는 주의 손에 있습니다. 주의 발아래 엎드리오니 제게 채찍을 휘두르사 주의 뜻을 따르게 하소서. 제 모난 부분을 다듬어 주소서. 경건하고 겸손한 주의 제자가 되어 주의 선하심과 거룩하신 뜻을 바라보며 따르게 하소서. 주께 제 자신과 제게 속한 모든 것을 의탁하오니 저를 주의 뜻대로 하소서. 지금 이 땅에서 주께 매를 맞는 것이 장차 올 곳에서 영원히 맞는 것보다 낫습니다.

내가 회초리로 그들의 죄를 다스리며 채찍으로 그들의 죄악을 벌하리로다 시 89:32

내 사랑하는 주님

진흙일 뿐인 인간이 어찌 자신을 지어주신 토기장이에게 대들 수 있겠습니까? 주께 순복한 자는 결코 주님 앞에서 우쭐댈 수 없으며 고개를 꼿꼿하게 들고 있을 수 없습니다. 주님, 저를 진리로 다스려 주소서. 그러면 온 세상이 저를 부추겨도 교만해지지 않을 것입니다. 제 모든 소망을 주께 두도록 허락하여 주소서. 그러면 아첨꾼의 혀에 넘어가지 않을 것입니다. 세상이 하는 말은 진정 아무것도 아니며 이내 사라질 것이나 오직 주의 진리는 영원합니다!

…우리는 진흙이요 주는 토기장이시니 우리는 다 주의 손으로 지으신 것이니이다 사 64:8

　　　　　　　　　내 사랑하는 주님
수많은 사람들 가운데 저를 택하여 주셔서 감사합
니다. 오직 주님께 참된 평화와 안식이 있습니다.
제 평생 주님 안에 살아가기를 소원합니다. 주님을
떠난 인생은 고통과 슬픔뿐이요, 불행의 연속일 것
입니다. 우리 주님은 악인을 멀리하시고 겸손하고
순결한 자를 가까이 하십니다. 인자하신 주님은 당
신의 자녀들을 사랑하사 하늘로부터 양식을 내려
주십니다. 주님, 어느 누가 주와 같을 수 있겠습니
까! 진실로 주님은 당신의 자녀들과 함께 하시며
그들의 마음이 하늘로 향하도록 이끌어 주십니다.
제 평생에 선하시고 인자하신 주님을 더욱 알기를,
더욱 경험하기를 원합니다.

나는 여호와라 나 외에 다른 이가 없느니라 사 45:18

내 사랑하는 주님

어둠 가운데 있을 때, 저는 하나님 나라로 가는 길을 찾기가 너무 어려웠습니다. 그 길을 찾는 사람도 주위에 많지 않았습니다. 그러나 분명한 것은 어느 누구도 십자가의 속죄 없이 그 나라에 들어갈 수 없다는 것입니다. 우리 주님께서 천국으로 가는 길을 활짝 열어 주셨습니다! 주님만이 길이요 진리요 생명이십니다. 이제 저는 더 이상 율법 아래에 있지 않습니다. 이 땅에서 주님이 걸어가신 십자가의 길, 그 길이 바로 제 길이 되기를 간절히 원합니다.

염소와 송아지의 피로 하지 아니하고 오직 자기의 피로 영원한 속죄를 이루사 단번에 성소에 들어가셨느니라 히 9:12

내 사랑하는 주님

많은 사람들이 세상을 사랑하고 그 안에서 기쁨을 찾습니다. 세상의 잘못과 헛됨을 비난하면서도 그 삶을 쉽게 포기하지 못합니다. 그 이유는 육체의 소욕 때문입니다. 세상을 사랑하게 하는 것은 육신의 정욕, 안목의 정욕, 이생의 자랑이며(요일 2:16) 이 모두는 고통과 불행으로 빠르게 이어집니다. 쾌락에 빠진 영혼은 세상을 탐닉하고, 뾰족한 가시나무 한가운데 있으면서도 자신이 행복하다고 착각하며 살아갑니다. 주님의 은혜와 아름다우심을 알지 못합니다. 그러나 세상을 경멸하고 거룩한 말씀에 순종하며 주를 위하여 살아가는 사람은 주의 은혜를 깊이 깨닫고 세상을 부인하며 살아갑니다. 주님, 이 세상은 멸망 길로 빨리 달려가고 있으며 기만으로 가득 차 있습니다. 저를 그 가운데서 구별하여 주시고 구원하여 주소서.

…영혼을 거슬러 싸우는 육체의 정욕을 제어하라 벧전 2:11

내 사랑하는 주님

제 영혼이 주님을 찾아 헤맵니다. 주님을 찾기에 갈급합니다. 부디 저를 만나주소서! 저는 주님을 위해서라면 모든 것을 포기할 준비가 되어 있습니다. 무엇이라도 할 준비가 되어 있습니다. 오직 주님만을 따르도록 제 안에 감동을 주신 주님, 부디 제게 자비를 베푸사 이 타는 듯한 목마름을 채워 주소서. 그러나 항상 죄 가운데 있는 제가 어찌 당당히 요구할 수 있겠습니까? 다만 주 앞에 엎드려 간구할 뿐입니다. 주님, 주님으로 인하여 목마릅니다. 이 갈급함을 세상 것으로 대체하지 않도록 붙들어 주시고, 속히 저를 만나 주소서.

하나님이여 사슴이 시냇물을 찾기에 갈급함 같이 내 영혼이 주를 찾기에 갈급하니이다 시 42:1

내 사랑하는 주님

제가 남들에 비해 하나를 더 받았든 덜 받았든 상관없습니다. 모든 것이 주의 것이며 주께로부터 왔기 때문입니다. 그러므로 어느 누구도 자신이 받은 것을 자랑할 수 없고 그것으로 사람들 위에 군림할 수 없으며 거만하게 굴 수 없습니다. 자신을 드러내지 않고 주께 감사하는 사람이야말로 얼마나 귀하고 선한지요. 그는 더 낮아지기 위하여 번뇌하고 가장 비천하게 되리라 결단하므로 주의 은총을 받을 것입니다. 주님, 저 역시 제가 받은 것을 남들이 받은 것과 비교하며 슬퍼하거나 노여워하지 않겠습니다. 많이 받은 사람을 부러워하지도 않겠습니다. 오히려 그런 마음이 들 때마다 찬양하며 마음을 주께로 돌이키겠습니다. 주께로부터 모든 것이 나오고, 그 선하신 뜻대로 가장 좋은 것을 주시는 분임을 믿기 때문입니다.

그가 사모하는 영혼에게 만족을 주시며 주린 영혼에게 좋은 것으로 채워주심이로다 시 107:9

내 사랑하는 주님

모든 천사들이 주 앞에 엎드리고 모든 의로운 자들이 주 앞에 서서 떠는데 주님은 "다 내게로 오라"고 말씀하십니다. 주님이 아니시면 누가 그와 같은 말을 할 수 있겠습니까? 어찌 그 말을 신뢰할 수 있겠습니까? 주께서 부르지 않으시면 누가 감히 주께로 나아갈 수 있겠습니까? 보십시오. 의로운 사람 노아는 백 년 동안 방주를 준비했으나 단 몇 사람만 구원을 받았습니다. 그런데 어떻게 제가 창조주를 맞을 준비를 그리 쉽게 할 수 있겠습니까? 하나님의 위대한 종이자 친구였던 모세는 주의 증거판을 간직하기 위하여 귀한 나무로 궤를 만들어 순금을 입혔습니다. 그런데 타락한 피조물인 제가 어떻게 율법을 만드시고 생명을 주관하시는 주님을 쉽게 영접할 수 있겠습니까? 그러나 주님은 오늘도 변함없이 "다 내게로 오라"고 말씀하십니다. 주님, 이 죄인이 주의 보혈을 힘입어 나아가오니 받아주소서.

수고하고 무거운 짐 진 자들아 다 내게로 오라 내가 너희를 쉬게 하리라 나는 마음이 온유하고 겸손하니 나의 멍에를 메고 내게 배우라 그리하면 너희 마음이 쉼을 얻으리니 마 11:28-29

내 사랑하는 주님

육신을 위하여 먹고 마시고 입는 모든 것이 주를 향하여 불타오르는 제 영혼에 무거운 짐이 되곤 합니다. 저를 불쌍히 여기사 육신의 소욕을 억누를 수 있는 힘을 주소서. 지나친 욕심으로 인하여 마음이 요동치 않도록 붙들어 주소서. 주님, 살기 위하여 육신의 모든 것을 끊어내지 못한다 할지라도 필요 이상의 것을 더 가지기 위하여 욕심을 내지 않겠습니다. 주의 거룩한 율례는 쾌락을 위하여 여분의 것을 남겨 두는 것을 허락하지 않음을 알기 때문입니다. 만약 그렇게 한다면 제 육신이 제 영을 대적하게 될 것입니다. 주님, 늘 제가 주의 법의 울타리를 넘지 않고 주께 나아갈 수 있도록 발걸음을 인도하여 주소서.

내 율례를 따르며 내 규례를 지켜 진실하게 행할진대 그는 의인이니 반드시 살리라 주 여호와의 말씀이니라 겔 18:9

내 사랑하는 주님

저는 이 고난으로부터 벗어날 수 없어 하루하루 근심에 눌려 지쳐가고 있습니다. 부디 저를 불쌍히 여겨 주소서. 주께서 저를 도와주지 않으시면, 제 상황을 돌이켜 주지 않으시면, 제가 어찌 주께로 나아갈 수 있겠습니까? 저는 주님 앞에 잠잠할 수밖에 없는 비천한 자이며 거친 길을 걷는 광인일 뿐입니다. 주여, 나를 구원하여 주소서. 이 고난을 통하여 겸손을 배우고 주께 영광을 돌리게 하소서. 주님이 함께 해 주지 않으시면 가난하고 비천한 제가 무엇을 하고, 또 어디로 갈 수 있겠습니까? 나의 주님이시여, 어떠한 고난도 두려워하지 않고 인내할 수 있도록 도와주소서.

그리스도께서 이미 육체의 고난을 받으셨으니 너희도 같은 마음으로 갑옷을 삼으라 이는 육체의 고난을 받은 자는 죄를 그쳤음이니 벧전 4:1

내 사랑하는 주님

제가 이 땅에서 무언가에 사로잡혀 있다면 어떻게 주를 향하여 자유롭게 날아갈 수 있겠습니까? 어느 누구도, 어떤 피조물도 막을 수 없는 영생에 이르기 위하여 주의 한없는 은총을 구합니다. 주님만을 바라보며 사는 자보다 더 큰 안식을 누릴 수 있는 사람은 없습니다. 세상에 무관심한 자보다 더 자유로울 수 있는 사람은 없습니다. 주님, 제 마음이 주를 향하여 온전히 돌이켜지게 하소서. 그리하시면 저는 모든 만물을 초월하여 살아갈 수 있을 것입니다. 제 자신을 부인하며 살아갈 수 있을 것입니다. 세상 그 무엇도 창조주와 비교할 수 없음을 깨닫게 될 것입니다. 그러나 제가 피조물로부터 자유하지 못하다면 거룩하신 주님과 결코 동행할 수 없다는 것을 잘 압니다. 주님, 부디 저를 묶고 있는 모든 것으로부터 해방시켜 주소서.

그러므로 아들이 너희를 자유롭게 하면 너희가 참으로 자유로우리라 요 8:36

내 사랑하는 주님

스스로 지혜롭다 여기는 사람, 육체의 소욕을 따르는 사람은 헛된 것을 구하고 하늘의 지혜를 알지 못합니다. 반면, 세상을 미워하고 그리스도를 따르는 사람, 육체의 소욕을 거스르는 사람은 하늘의 지혜를 품고 살아갑니다. 그는 거짓에서 진리로, 육체의 소욕을 따르는 삶에서 성령을 따르는 삶으로 변화되어 그리스도를 더욱 깊이 묵상합니다. 창조주 하나님이 주시는 기쁨과 세상으로부터 얻는 즐거움은 전혀 다릅니다. 영원한 것과 일시적인 것, 스스로 빛나는 빛과 반사되어 비춰지는 빛처럼 완전히 다릅니다. 영원한 빛이신 주님, 모든 빛 가운데 가장 빛나는 주님, 주의 빛을 제 가장 깊은 곳까지 비추사 거룩하게 하여 주소서.

육체의 소욕은 성령을 거스르고 성령은 육체를 거스르나니 이 둘이 서로 대적함으로 너희가 원하는 것을 하지 못하게 하려 함이니라 갈 5:17

내 사랑하는 주님

저는 보잘것없고 나약하며 심히 변덕스러운 자입니다. 이런 제게 자랑할 만한 것이 어디 있겠습니까? 이런 제가 어떻게 높임받기를 원하고 존귀해지기를 바라겠습니까? 그것은 진정 헛된 일입니다. 허영은 무익하며 지독한 역병과도 같습니다. 사람을 참된 영광으로부터 끌어내리고 하늘의 은총을 강탈해 갑니다. 사람이 자기 자신을 기쁘게 하는 것은 주님을 불쾌하게 하는 일입니다. 사람이 칭찬을 갈망하는 것은 참된 덕을 놓치는 일입니다. 진정한 영광과 거룩한 기쁨은 오직 주님 안에 있고 사람에게 있지 않기 때문입니다. 이제 저는 제 자신을 기쁘게 하지 않고, 오직 주님의 이름으로 기뻐하길 원합니다. 피조물이 주는 기쁨이 아닌 주님의 목적 안에서 즐거워하기를 갈망합니다.

그리스도께서도 자기를 기쁘게 하지 아니하셨나니 롬 15:3

내 사랑하는 주님

세상의 속임수에 넘어가지 않고 자기 자신을 지켜낼 수 있는 사람이 얼마나 되겠습니까? 저 역시도 심히 나약하고 불안정하여 쉽게 속아 넘어갑니다. 그러나 주님을 의지하는 자, 깨끗한 마음으로 주를 찾는 자는 안전할 것입니다. 어떠한 어려움이 닥쳐도 쉽게 흔들리지 않고 주께로부터 힘을 얻으며 능히 이겨낼 것입니다. 주님은 당신을 신뢰하는 자를 끝까지 지켜 주시는 분이기 때문입니다. 이 세상에서 고난 가운데 있는 저를 한결같이 지켜 줄 수 있는 사람은 그리 많지 않습니다. 그러나 주님만은 저를 끝까지 지켜 주실 것입니다. 오늘도 저는 주님께 고백하길 원합니다. "제 마음은 그리스도라는 반석에 굳게 세워져 있습니다!" 제 삶이 진정 이러하다면 사람을 두려워하지도, 그들의 말에 혼란스러워하지도 않을 것입니다.

대저 여호와는 네가 의지할 이시니라 네 발을 지켜 걸리지 않게 하시리라 잠 3:26

내 사랑하는 주님

사람이 사람에게서 소망을 찾는 것은 헛됩니다. 사람을 믿는 것 또한 무익합니다. 사람을 의지하는 것은 거짓되고, 오직 주님의 의로우신 구원만이 진실합니다! 이제 저는 사람들의 말을 무분별하게 믿지 않겠습니다. 그들의 말을 쉽게 퍼트리지도 않겠습니다. 오히려 침묵을 선택하겠습니다. 주님, 사람들이 자신의 본심을 아무에게나 말하지 않는다면 세상이 얼마나 평화로울까요? 오직 저는 마음을 살피시는 주를 찾음으로써, 바람과 같은 말에 이리저리 휘둘리지 않음으로써, 제 내면을 더욱 다스림으로써 하늘의 평안을 누리겠습니다.

말이 많으면 허물을 면하기 어려우나 그 입술을 제어하는 자는 지혜가 있느니라 잠 10:19

내 사랑하는 주님

에덴동산에서 추방 당한 아담의 후손인 저는 하루
하루 통곡하며 고된 삶을 살아가고 있습니다. 이
땅에서의 삶은 모든 악과 슬픔, 고통으로 가득 차
있습니다. 세상 사람들은 죄로 더럽혀져 있고 정욕
의 덫에 걸려 있습니다. 두려움의 노예가 되어 있
고 염려라는 무거운 짐을 지고 살아가고 있습니다.
헛된 호기심으로 혼란에 빠져 있고 무익한 일에 연
루되어 있습니다. 온갖 오류에 둘러싸여 있고 과도
한 업무로 초췌해져 있습니다. 유혹에 사로잡혀 있
고 쾌락으로 쇠잔해지고 있으며 탐심으로 고통 당
하고 있습니다. 주님, 오늘도 저는 이 모든 악이 끝
나기만을, 이 비참한 인생에서 벗어날 날만을 손꼽
아 기다리고 있습니다. 그날은 언제인가요? 오직
주님만을 생각하고 오직 주님 안에서 기뻐할 그날
은 언제 오나요?

그 바라는 것은 피조물도 썩어짐의 종노릇한 데서 해방되어
하나님의 자녀들의 영광의 자유에 이르는 것이니라 롬 8:21

내 사랑하는 주님

주님을 섬기는 것은 가장 영광스러운 일입니다. 이 시간, 주님이 아닌 다른 모든 것을 경멸하며 제 자신을 주께 드립니다. 세상이 주는 모든 향락을 버리고 오직 주만 의지하여 좁은 길을 가리라 다짐합니다. 세상 근심을 내려놓고 한없는 자유를 누리리라 선포합니다. 주님을 섬기는 것이야말로 제 삶의 가장 큰 기쁨이고, 저를 가장 자유롭고 거룩하게 해 줍니다. 하늘 아버지를 기쁘시게 하고 사탄을 당혹스럽게 만듭니다. 신실하게 주를 섬기는 자들은 이 모든 상을 받아 누릴 것입니다! 섬김을 통하여 하늘의 모든 것을 허락하시고, 영원토록 이김을 주시는 주님, 오늘도 저는 주님의 임재를 갈망하며 성령의 위로를 주는 그 사랑을 갈망합니다.

…하나님을 섬기는 자와 섬기지 아니하는 자를 분별하리라 말 3:18

내 사랑하는 주님

제 눈물이 바다를 이룰지라도 저는 주님께 위로 받
을 자격이 없는 자입니다. 가난하게 하실지라도,
홀로 외로이 두실지라도 마땅한 자입니다. 제게는
하늘의 징계를 받을 자격밖에 없습니다. 제가 얼마
나 자주 주님을 거슬렀고 죄를 지었는가를 떠올리
면, 먼지만큼만 한 위로도 받을 자격이 없습니다.
그러나 온유하고 자비로우신 주님은 멸하기로 준
비된 진노의 그릇을 오래 참으심으로 관용하시고
영광받기로 예비하신 긍휼의 그릇에 대하여 그 영
광의 풍성함을 알려 주셨습니다(롬 6:22-23). 주님은
이 가난한 종을 찾아와 위로해 주셨습니다. 그 위
로는 세상의 어떤 위로와도 비교할 수 없는 것이었
습니다.

여호와는 은혜로우시며 긍휼이 많으시며 노하기를 더디 하시
며 인자하심이 크시도다 시 145:8

내 사랑하는 주님

나면서부터 악으로 향하기에 빠른 제 본성을 이기기 위하여 주의 한없는 은총을 구합니다. 첫 사람 아담을 통하여 죄가 들어와 우리 모두는 타락한 존재가 되었고, 주께서 창조하신 선하고 진실한 본성이 타락하여 악의 상징이 되고 말았습니다. 우리 스스로가 선에서 떠나 악으로 향하였기 때문입니다. 주님, 제게 모든 선행의 원천이 되는 주의 은총을 내려 주소서. 주의 완전한 길을 따르기 위하여 그 은총이 반드시 필요합니다! 그것이 아니면 저는 아무것도 아닙니다. 그것이 아니면 제가 하는 모든 일이 헛되며 제가 타고난 모든 것이 아무 가치가 없습니다. 어떠한 부유함도, 아름다움도, 강함도, 지혜도, 지식도 아무 쓸모없습니다. 저는 오직 주님으로 인하여 모든 것을 할 수 있습니다.

···은이나 금보다 은총을 더욱 택할 것이니라 잠 22:1

내 사랑하는 주님

제 인생에 믿을 만한 것이 무엇이겠습니까? 하늘 아래 있는 그 무엇이 저를 위로해 줄 수 있겠습니까? 제게 넘치는 자비를 베풀어 주시는 분은 오직 주님뿐이십니다! 저는 주님 없이 한순간도 살 수 없습니다. 주님 없이 부요해지느니 차라리 주를 위하여 가난을 택하겠습니다. 주님 없는 천국을 소유하느니 차라리 주와 함께 이 땅에서 나그네로 방황하며 살겠습니다. 제게는 주님이 계신 곳이 천국이고, 그렇지 않으면 죽음이자 지옥입니다. 소망되시는 주님, 오늘도 탄식하며 주께 부르짖습니다. "주님 외에 어느 누구도 제게 만족을 줄 수 없습니다! 주님은 제 소망이시며 믿음의 주이십니다. 위로자이시며 모든 필요를 아시는 영원히 신실하신 분입니다."

여호와와 같이 거룩하신 이가 없으시니 이는 주밖에 다른 이가 없고 우리 하나님 같은 반석도 없으심이니이다 삼상 2:2

내 사랑하는 주님

주님이 선포하신 모든 말씀을 믿음으로 받아들이며 감사합니다. 그것은 영혼 구원을 위한 생명의 말씀이기 때문입니다. 저는 주님의 어떠한 말씀이라도 마음 깊이 새기고 기쁘게 받아들이길 원합니다. 모든 선함과 사랑이 충만한 주의 말씀은 제게 용기를 주는 동시에 두려움을 줍니다. 그 이유는 제 죄와 더러워진 양심 때문입니다. 주께서 부드러운 음성으로 저를 부르실 때, 저는 죄에 짓눌려 있곤 합니다. 그러나 주님은 "나와 연합하기를 원한다면, 영원한 생명과 영광을 얻길 원한다면, 담대히 내게로 나아오라"고 계속해서 부드럽게 속삭여 주십니다. 주여, 이 죄인이 주께로 가오니 주의 보혈로 깨끗이 씻어 주소서.

그러므로 우리는 긍휼하심을 받고 때를 따라 돕는 은혜를 얻기 위하여 은혜의 보좌 앞에 담대히 나아갈 것이니라 히 4:16

내 사랑하는 주님

지혜의 왕 솔로몬은 주께 예배하기 위하여 7년 동안 성전을 건축하였고, 건축을 마친 후에는 8일간 성전봉헌을 기념하는 축제를 열어 일천 번제를 드렸습니다. 주님, 솔로몬에 비하면 저는 얼마나 어리석고 비천한 자입니까? 저는 예배를 드리는 한 시간도 힘겨워합니다. 이런 제가 어찌 거룩하신 주님을 섬길 수 있겠습니까? 주님 앞에서 30분만이라도 거룩하게 살아갈 수 있다면 좋겠습니다. 주님, 저는 성경에 나오는 믿음의 조상들이 주님을 기쁘시게 하기 위하여 얼마나 헌신하였는지 잘 알고 있습니다. 주님, 어떻게 하면 제가 주님을 기쁘시게 할 수 있을까요? 어떻게 하면 제 삶으로 주님을 찬송하고 예배할 수 있을까요? 제게 가르쳐 주소서. 그리고 제 인생 가운데 이 갈망이 끊이지 않게 하소서.

주를 기쁘시게 할 것이 무엇인가 시험하여 보라 엡 5:10

내 사랑하는 주님

저는 언제쯤 자유로워질 수 있을까요? 언제쯤 안식할 수 있을까요? 언제쯤 제 자신을 위한 모든 생각을 버리고 주님만 생각할 수 있을까요? 주님, 지금 저는 음침한 골짜기에서 비탄과 슬픔에 잠겨 있습니다. 악은 제게 슬픔을 드리우고 주께서 예비해 놓으신 축복을 누리지 못하도록 훼방하고 있습니다. 그러나 저는 아무것도 할 수 없고 오직 주의 구원만을 기다릴 뿐입니다. 주여, 제 안에 넘치는 탄식 소리를 들으시고 이 황폐한 삶에서 건져 주소서. 속히 임하사 저를 구원하여 주소서.

…나를 구원하소서 그리하시면 내가 구원을 얻으리이다 렘 17:14

내 사랑하는 주님

주 앞에 제 무가치함을 깊이 깨닫고 스스로를 경멸
하며 내어던집니다. 보소서, 주는 지극히 거룩하시
나 저는 죄인 중에 괴수입니다. 그런데 어찌 주님
은 이 죄인을 찾아와 함께 하길 원하십니까! 하늘
로부터 내려오신 생명의 떡 예수 그리스도는 영생
을 주시는 분입니다. 주님의 사랑이 있는 곳에 겸
손의 광채가 뿜어져 나옵니다. 주께서 구원을 위하
여 제게 행하신 일이 어찌 그리 크신지요. 주의 권
능이 어찌 그리 놀라운지요. 주의 진리가 어찌 그
리 확실한지요. 주의 말씀은 하나도 땅에 떨어지지
않으며 모두 이루어질 것입니다. 참으로 주는 그리
스도시요 살아 계신 하나님의 아들이십니다!

영생은 곧 유일하신 참 하나님과 그가 보내신 자 예수 그리스
도를 아는 것이니이다 요 17:3

내 사랑하는 주님

제 마음이 오직 주께로 향하게 하소서. 제게 구원의 은총을 베푸사 깊은 샘물처럼 감춰져 있는 주의 인자하심을 맛보게 하소서. 제 어두운 눈을 밝히사 주의 비밀한 일을 보게 하소서. 제게 힘을 주사 연약한 믿음을 견고케 하소서. 이는 사람의 능으로 할 수 없고 오직 주님으로만 가능합니다. 사람이 만들어 낼 수 없고 오직 주님만이 거룩하게 제정하실 수 있습니다. 단물이 나는 샘을 겸손히 찾아온 자가 어찌 그 물을 길어가지 않겠습니까? 타오르는 불길 앞에 서 있는 자가 어찌 그 열기를 느끼지 못하겠습니까? 이처럼 주님은 제게 넘쳐흐르는 샘이시며 꺼지지 않는 불이십니다! 생명수이신 주님, 주의 나라에서 흐르는 샘물을 먹여 주소서. 제 목마름은 작은 한 방울만으로도 모두 해소될 것입니다.

목마른 자도 올 것이요 또 원하는 자는 값없이 생명수를 받으라 하시더라 계 22:17

내 사랑하는 주님

하늘과 땅의 모든 것이 주의 것이오니 저를 주의 영원한 소유, 주의 영원한 종으로 삼아주소서. 주께서 십자가에 달려 하늘 아버지께 그 귀한 몸을 드리신 것처럼 제 자신을 주께 드리길 원하오니 저를 받아주소서. 그것이 제 구원뿐 아니라 이웃을 위한 구원이 되기를 간절히 소망합니다. 주님, 모든 분노, 복수심, 다툼, 미움, 상처 등 모든 더러운 죄로부터 떠나게 하소서. 주의 자비와 은총 안에 복음에 합당한 삶을 살아가게 하소서. 주의 이름에 합당한 영광을 돌리게 하소서.

여호와의 이름에 합당한 영광을 그에게 돌릴지어다 시 96:8

내 사랑하는 주님 부르심 가운데 살아가지 못하는 이들을 보면 마음이 아픕니다. 사명을 게을리 하는 이들로 인하여 상처를 받기도 합니다. 그렇다면 제 신앙의 모습은 어떻습니까? 주께서 "네가 나를 사랑하기 위하여 무엇을 했느냐?"고 물으신다면, 너무 부끄러울 것 같습니다. 주님, 이제는 성숙한 신앙인이 되기를 원합니다. 주님의 거룩한 삶을 경건의 지표로 삼고, 오직 주만을 본받기 위하여 헌신하는 삶을 살기를 원합니다. 주님 외에 다른 어떤 것도 구하지 않게 하소서. 사명을 굳게 하고 나아갈 힘을 주소서. 십자가에 못 박아 주소서. 주님과 함께 십자가에 못 박히면, 제가 얼마나 풍성한 가르침을 받을 수 있겠습니까!

내가 너희 중에서 예수 그리스도와 그가 십자가에 못 박히신 것 외에는 아무것도 알지 아니하기로 작정하였음이라 고전 2:2

5

너무 당당하게, 그리고 너무 당연하게
정죄하고 판단하고 있지는 않습니까
당신의 의로움을 내세우며 스스로 성민이라 말하지 말고
당신의 삶으로 하나님의 자녀임을 드러내십시오

뜻을 정하여 나아가는 5월의 고백

회개

감사

간구

순종

거룩을 갈망하는 자여

썩어 없어질 재물을 구하고 의지하는 것은 헛된 일입니다. 명예를 좇다가 자만해지는 것도 헛된 일입니다. 바르게 사는 것보다 오래 사는 것을 바라는 것도 헛된 일입니다. 현실에 안주하여 장차 올 심판 날을 준비하지 않는 것도 헛된 일입니다. 영원한 하나님 나라를 바라지 않고 영원하지 않은 세상 것에 집착하는 것도 헛된 일입니다. 다음 말씀을 깊이 묵상하십시오. "눈은 보아도 족함이 없고 귀는 들어도 가득 차지 아니하도다"(전 1:8). 이제 더 이상 눈에 보이는 세상의 헛된 것을 사랑하지 마십시오. 눈에 보이지 않더라도 가치 있는 것을 추구하십시오. 만일 그렇게 하지 않고 스스로 악을 따른다면 양심이 더러워지고 주님의 은혜를 놓치고 말 것입니다. 세상의 헛된 모든 것을 멸시하고 오직 그리스도를 본받으십시오.

전도자가 이르되 헛되고 헛되며 헛되고 헛되니 모든 것이 헛되도다 전 1:2

거룩을 갈망하는 자여

사람은 본능적으로 아는 것, 즉 지식에 대한 갈망이 큽니다. 그러나 하나님을 경외하지 않는 지식은 아무 소용이 없습니다. 겸손히 하나님을 섬기는 사람은 밝히기 어려운 천체의 운행을 연구한다 할지라도 스스로 교만해지지 않으며 자신의 지식을 자랑하지 않습니다. 하나님 앞에서 자신의 존재가 얼마나 보잘것없는가를 잘 아는 사람은 눈에 보이는 대로 판단하지 않으며 사람의 칭찬에 목말라하지 않습니다. 당신이 세상의 모든 지식을 안다 할지라도 선을 행하지 않는다면, 하나님 앞에서 그것이 무슨 유익이 있겠습니까? 그분께 자신의 행위를 심판 받을 뿐입니다. 이제는 당신의 모든 지식으로 선을 행하십시오. 그 지식으로 주님을 섬기십시오.

여호와를 경외하는 것이 지혜의 근본이요… 잠 9:10

거룩을 갈망하는 자여

당신은 속으로라도 '내가 다른 사람들보다 더 낫다'고 생각하지 마십시오. 그러한 생각은 주님 앞에 죄를 쌓는 것과 같습니다. 선행을 드러내놓고 하지 마십시오. 하나님의 판단은 사람과 다르므로 사람을 기쁘게 하는 것이 그분을 불쾌하게 할 수도 있습니다. 당신은 스스로를 선하다고 여깁니까? 아닙니다. 오히려 다른 사람들을 당신보다 더 선하게 여기고 스스로 낮아지십시오. 자기 자신을 낮추는 겸손한 생각은 해가 되지 않지만 '나는 다른 사람들보다 월등해'라는 의식은 삶에 재앙을 일으키기에 충분합니다. 겸손은 평안을 주지만, 교만은 시기와 분노를 불러일으킵니다.

아무 일에든지 다툼이나 허영으로 하지 말고 오직 겸손한 마음으로 각각 자기보다 남을 낫게 여기고 빌 2:3

거룩을 갈망하는 자여

죄성을 가진 사람이 자기 자신을 부인하는 것, 그것은 결코 쉬운 일이 아닙니다. 오랜 습관을 바꾸는 것보다 훨씬 더 어렵고 힘든 일입니다. 왜냐하면 그것은 자신의 의지에 대항하는 것이기 때문입니다. 그리스도인이 된다는 것에 대하여 쉽게 생각하지 마십시오. 지금 작은 것 하나 순종하지 못하면서 어떻게 옛 사람을 벗어 버릴 수 있겠습니까? 작은 것부터 하나씩 순종하십시오! 처음부터 죄의 유혹에 거세게 저항하십시오! 악한 습관을 버리십시오. 그렇지 않으면 죄에 끌려 다니고 말 것입니다.

너희는 유혹의 욕심을 따라 썩어져 가는 구습을 따르는 옛 사람을 벗어 버리고 엡 4:22

거룩을 갈망하는 자여

이 세상에서 그리스도를 위하여 고난 받는 것보다 더 유익한 것은 없습니다. 영적 성장은 끊임없는 고통을 통하여 이뤄지기 때문입니다. 만일 고난보다 낮고 유익한 것이 있다면 주께서 그것을 가르쳐 주셨을 것입니다. 그러나 주님은 그분을 따르는 자들에게 단호하게 말씀하십니다. "아무든지 나를 따라오려거든 자기를 부인하고 날마다 제 십자가를 지고 나를 따를 것이니라"(눅 9:23). 지금까지 당신은 기록된 진리의 말씀을 읽고 탐구해왔습니다. 이젠 최종 결정을 내려야 할 때입니다. "나는 천국에 가기 위하여 십자가를 지고 고난을 마주하겠노라!"

너는 그리스도 예수의 좋은 병사로 나와 함께 고난을 받으라
딤후 2:3

거룩을 갈망하는 자여

당신이 완전하다면 하나님의 선하신 뜻 가운데 고난 받을 필요가 없을 것입니다. 그러나 하나님은 우리 스스로 완전해지도록 창조하지 않으셨습니다. 우리가 누군가의 짐을 함께 지면서 완전해지는 법을 배우도록 하셨습니다. 세상에는 결점이 없는 사람도, 짐이 없는 사람도, 스스로 만족할 만큼 지혜로운 사람도 없습니다. 그러므로 우리는 서로 의지하고 위로해야 합니다. 서로 돕고 의논하고 조언을 구해야 합니다. 믿는 성도라면 그러해야 합니다. 우리의 진짜 인격은 역경을 만났을 때 드러납니다. 역경은 그의 진정한 사람됨을 드러내기 때문입니다. 만일 당신이 역경 가운데 온전해지길 원한다면 '혼자'가 아닌 '함께'가 되는 인생을 선택하십시오.

형제들아 기뻐하라 온전하게 되며 위로를 받으며 마음을 같이하며 평안할지어다 고후 13:11

거룩을 갈망하는 자여

다른 사람들과 화목하게 지내길 원한다면, 먼저 당
신의 감정을 절제하는 법부터 배우십시오. 그리스
도인의 삶의 변화는 남들과 다른 옷을 입고 삭발을
한다고 해서 일어나는 것이 아닙니다. 자기 자신의
감정을 다스리게 될 때에 비로소 가능해집니다. 당
신의 감정이 앞서는 한, 평화란 있을 수 없습니다.
특히, 신앙공동체에서 당신의 감정에 따라 말을 함
부로 내뱉지 마십시오. 처음에 품었던 신실함과 사
랑을 유지해 나가십시오.

분을 쉽게 내는 자는 다툼을 일으켜도 노하기를 더디 하는 자
는 시비를 그치게 하느니라 잠 15:18

거룩을 갈망하는 자여

우리는 그리스도를 사랑할 때, 그리고 그분을 위하여 자기 자신을 미워할 때에 행복을 느낍니다. 당신은 그리스도를 위하여 세상에서 사랑하는 모든 것을 포기할 수 있습니까? 주님은 마음을 다하여 뜻을 다하여 힘을 다하여 그분을 사랑하라고 말씀하셨습니다. 피조물이 주는 사랑은 쉽게 변할 뿐 아니라 거짓됩니다. 하지만 그리스도의 사랑은 영원하고 진실합니다. 피조물은 불완전하여 결코 의지할 수 없습니다. 하지만 그리스도께 자신을 내어드린 사람은 항상 그분을 의지하고 그분과 함께 합니다. 당신은 스스로를 미워하고 부인할 때, 과연 행복을 느낍니까? 아니라면 다시 십자가 앞으로 나아가십시오.

너는 마음을 다하고 뜻을 다하고 힘을 다하여 네 하나님 여호와를 사랑하라 신 6:5

거룩을 갈망하는 자여

죄와 싸울 수 있도록 스스로를 무장하십시오. 욕망을 억누르고 쾌락적 성향을 버리십시오. 게으르지 마십시오. 매일 기도하십시오. 매일 말씀을 읽고 쓰고 묵상하십시오. 매사에 신중하게 판단하십시오. 어떤 일이든 어떤 사람에게든 분별하여 행동하십시오. 공동체를 섬기고 공동체에 대한 무관심을 주의하십시오. 공동체를 사랑하는 마음으로 힘써 기도하십시오. 만일 더욱 온전해지길 원한다면 개인의 경건 시간을 성실하게 지켜내십시오. 그렇게 자신을 연단해 가십시오. 당신이 할 수 있는 작은 것부터 하나씩 실천해 나가십시오.

망령되고 허탄한 신화를 버리고 경건에 이르도록 네 자신을 연단하라 딤전 4:7

거룩을 갈망하는 자여 날마다 하나님의 은혜를 묵상하십시오. 마음의 의심을 물리치십시오. 세상사를 다루는 책보다 영성이 깊은 글을 많이 읽으십시오. 불필요한 말을 삼가고 바람처럼 떠도는 소문에 귀를 기울이지 마십시오. 그러면 묵상을 위한 충분한 시간을 확보할 수 있을 것입니다. 집에 가만히 있는 것이 밖에서 완벽하게 보호받는 것보다 쉬운 것처럼 말을 적게 하려고 애쓰는 것보다 완전히 침묵하는 것이 오히려 쉽습니다. 이제 말의 불씨를 꺼뜨리고 묵상의 불씨를 살리십시오.

나의 반석이시요 나의 구속자이신 여호와여 내 입의 말과 마음의 묵상이 주님 앞에 열납되기를 원하나이다 시 19:14

거룩을 갈망하는 자여

왜 자꾸 당신에게 허락되지 않은 것들에 마음을 빼앗깁니까? "이 세상과 그 정욕은 지나가" 없어지는 것임을 명심하십시오(요일 2:17). 정욕은 당신을 절망시키기 위하여 항상 준비하고 있습니다. 만일 당신이 유혹의 순간을 참지 못하고 세상으로 뛰쳐나간다면, 이내 무거운 마음으로 돌아오게 될 것입니다. 쾌락을 즐긴 밤은 슬픈 아침을 맞는 것으로 끝나고 말 것입니다. 당신 인생에서 부푼 마음으로 나갔다가 절망으로 돌아왔을 때가 얼마나 많았는지 세어 보십시오. 그 절망의 날을 맞이하기 전에 당신의 욕망을 남김없이 꺼내어 십자가에 못 박으십시오.

너희가 음란과 정욕과 술 취함과 방탕과 향락과 무법한 우상숭배를 하여 이방인의 뜻을 따라 행한 것은 지나간 때로 족하도다 벧전 4:3

거룩을 갈망하는 자여
이제 죄를 짓게 만드는 악한 습관들과 맹렬히 싸우
십시오. 이미 굳어져 버린 오랜 습관일지라도 철저
히 훈련하면 이겨낼 수 있습니다. 당신이 죄를 떠
나면 죄도 당신을 떠날 것입니다. 그러나 그렇게
될 때까지 다른 사람이 아닌 당신 자신에게만 집중
하십시오. 다른 누군가의 일로 분주해지지 말고 윗
사람들의 일에도 얽히지 마십시오. 편한 사람들을
찾아가 의지하지 말고 스스로 절제하여 마침내 뿌
리 뽑을 당신의 '죄'에만 집중하십시오.

나의 죄악이 얼마나 많으니이까 나의 허물과 죄를 내게 알게
하옵소서 욥 13:23

거룩을 갈망하는 자여

부디 영성을 추구하는 마음을 잃지 마십시오. 영적 성장을 위한 결단을 미루지 말고, 지금 당장 일어나 선포하십시오. "지금이야말로 모든 악과 싸울 때이며 모든 악한 습관을 버릴 때이다!" 물론 당신은 승리하기 전에 난처하고 괴로운 상황을 맞을 수도 있습니다. 안식을 누리기 전에 물과 불을 통과해야 할지도 모릅니다. 왜냐하면 고난 없이 죄를 이기기란 쉽지 않기 때문입니다. 연약한 육신으로 사는 동안, 당신은 죄로부터 자유로울 수 없습니다. 고단함과 슬픔 없는 삶도 불가능합니다. 죄로부터 벗어날 수도 없습니다. 그러니 오직 하나님의 긍휼을 기다리며 인내로써 당신의 고난을 감당해 내십시오.

고난 당한 것이 내게 유익이라 이로 말미암아 내가 주의 율례들을 배우게 되었나이다 시 119:7

거룩을 갈망하는 자여

인생은 결코 길지 않습니다. 늘 죽음을 생각하고 준비하십시오. 당신은 오늘 있다가 내일 사라질 수 있는 유한한 존재인데, 왜 죽음을 준비하며 살아가지 않습니까? 왜 눈앞에 놓인 것만 바라보며 어리석게 살아가고 있습니까? 이제부터는 내일 죽음을 앞둔 사람처럼 살아가십시오. 그만큼 모든 것에 주의를 기울여 오늘을 살아가십시오. 그리스도를 따르는 사람은 결코 죽는 것을 두려워하지 않습니다. 이제 죽음을 두려워하는 대신 더러운 죄를 피하십시오. 그것이 옳습니다. 오늘 하루도 제대로 살지 못하면서 어떻게 내일을 준비할 수 있겠습니까? 내일은 누구도 확신할 수 없는 날입니다.

주인이 와서 깨어 있는 것을 보면 그 종들은 복이 있으리로다

눅 12:37

거룩을 갈망하는 자여

우리 각 사람은 자신이 행한 대로 심판을 받을 것입니다. 어쩌면 지옥에서의 한 시간이 이 땅에서의 백 년보다 훨씬 더 길고 고통스럽게 느껴질지도 모릅니다. 이 땅에서는 아무리 힘들어도 쉴 수 있고 교제를 통해 위로받을 수 있지만 지옥은 끝없이 고통스럽기만 한 곳이기 때문입니다. 심판 날에 후회하지 않도록 지금 당신과 민족의 죄에 대하여 애통해 하십시오. 그날이 오면 세상에 대해 어리석었던 것이 얼마나 지혜로운 것이었는지 분명히 밝혀질 것입니다. 그날이 오면 불순종한 모든 죄인들이 두려워 떨 것입니다.

심판 때에 니느웨 사람들이 일어나 이 세대 사람을 정죄하리니 이는 그들이 요나의 전도를 듣고 회개하였음이거니와… 눅 11:32

거룩을 갈망하는 자여 여호와를 의뢰하고 선을 행하십시오. 땅에 머무는 동안 그분의 성실을 먹을거리로 삼으십시오(시 37:3). 삶을 개선하고 그대로 유지해나가십시오. 이를 위해서는 전쟁과 같은 수고가 따를 것입니다. 그렇다면 '선'을 행하는 삶을 위해서는 얼마나 큰 수고가 따르겠습니까? 아마 많은 어려움과 장애물을 뛰어넘어야 할 것입니다. 영적 성장을 이루는 사람은 어려움을 극복해나가기 위하여 끊임없이 노력하는 사람입니다. 당신 앞에 놓인 어려움을 예수 그리스도의 이름으로 돌파하십시오. 그러면 어떠한 어려움도 능히 이겨내고 주께로부터 큰 은총을 받을 것입니다.

선을 행하는 각 사람에게는 영광과 존귀와 평강이 있으리니…
롬 2:10

거룩을 갈망하는 자여

유혹이 당신 마음문 앞에 서서 두드릴 때에 방심하지 말고 단호하게 거절하십시오. 그러면 물리칠 수 있습니다. 누군가는 이렇게 말하기도 하였습니다. "유혹이 올 때, 처음부터 저항하십시오. 주저하면 늦습니다. 악은 지체할수록 힘을 얻기 때문입니다." 처음에 유혹은 아주 단순한 '생각'의 형태로 찾아옵니다. 그리고 거기에 '상상'이 더해지고, 마침내 '쾌락'으로 끝납니다. 당신이 처음부터 유혹에 저항하지 않는다면 사탄은 당신의 모든 것을 점령하려 들 것입니다. 특히, 반복적으로 넘어가는 유혹을 주의하십시오.

그런즉 너희는 하나님께 복종할지어다 마귀를 대적하라 그리하면 너희를 피하리라 약 4:7

거룩을 갈망하는 자여 그날이 오면 모든 것이 바로잡힐 것입니다. 죄의 성난 외침이 사라질 것입니다. 믿음으로 끝까지 인내한 사람은 기뻐하고, 그렇지 못한 사람은 슬퍼울 것입니다. 육신의 정욕을 절제한 사람은 이 세상에서 하고픈 것을 다 한 사람보다 더 즐거워할 것입니다. 누더기를 걸친 의인은 빛나고 화려한 옷을 입은 교만한 사람보다 더 높아질 것입니다. 그날이 오면 인내가 세상의 어떤 권력보다 더 가치 있고, 순종이 세상의 어떤 지략보다 더 위대할 것입니다. 선한 양심이 세상의 어떤 학문보다 더 뛰어날 것입니다. 주를 위하여 멸시당한 모든 것이 세상의 그 어떤 보물보다 더 귀할 것입니다. 반드시 올 그날을 사모하며 당신의 매일을 믿음으로 승리하십시오.

형제들아 너희는 어둠에 있지 아니하매 그 날이 도둑 같이 너희에게 임하지 못하리니 살전 5:4

거룩을 갈망하는 자여

그리스도를 사랑하는 마음으로 섬김의 낮은 자리에 있는 것을 부끄러워하지 마십시오. 세상이 가난하다고 손가락질하더라도 부끄러워하지 마십시오. 어디를 가든 하나님을 신뢰하고 교만하지 마십시오. "저는 아무것도 아닙니다"라고 고백할 때, 주님은 당신이 행하는 모든 선한 일을 도와주실 것입니다. 당신의 지식이나 사람의 지략을 의지하지 마십시오. 그분의 은혜 안에서 항상 자신을 낮추십시오. 당신의 재물이 아무리 많더라고 자랑하지 마십시오. 오직 당신을 위하여 자기 자신을 내어주신 그리스도만을 자랑하십시오. 당신의 몸이 건강하고 아름답더라도 뽐내지 마십시오. 인간의 몸은 작은 질병에도 쉽게 무너질 수 있기 때문입니다. 당신에게 특별한 재능과 능력이 있더라도 우쭐대지 마십시오. 주님이 그 모든 것을 주시지 않았습니까?

너희 뿔을 높이 들지 말며 교만한 목으로 말하지 말지어다 시 75:5

거룩을 갈망하는 자여 어떻게 우리가 하나님의 자비와 은총이 아닌 다른 것을 신뢰하고 거기에 소망을 둘 수 있겠습니까? 물론 좋은 사람들, 경건한 형제들, 신실한 친구들, 경건에 유익한 책들, 아름다운 글들과 찬송들이 큰 유익과 기쁨을 주기도 합니다. 그러나 아무리 좋은 것이라 할지라도 '은혜 없이'는 아무것도 아닙니다. 아무리 훌륭한 삶이라 할지라도 하나님의 뜻을 위하여 인내하고 포기하는 삶보다 더 위대하지 않습니다. 당신은 하나님을 위하여 무엇을 인내하고 무엇을 포기하고 있습니까? 오늘도 당신 앞에 참 좋은 것들이 놓여 있습니다. 그 좋은 것들 가운데 가장 가치 있고 값진 것을 취하십시오. 그것은 바로 예수 그리스도이십니다!

그러나 무엇이든지 내게 유익하던 것을 내가 그리스도를 위하여 다 해로 여길뿐더러 빌 3:7

거룩을 갈망하는 자여

많은 사람들이 유혹에서 벗어나려고 발버둥 치지만 그러면 그럴수록 더 깊이 빠져드는 것을 경험하곤 합니다. 잘 들으십시오. 유혹의 문제는 단순히 피한다고 다 해결되는 것이 아닙니다. 늘 피하기만 할 뿐 그것을 뿌리째 뽑지 않는다면 믿음의 진보란 있을 수 없습니다. 뿐만 아니라 유혹은 이전보다 더욱 강하게 찾아올 것입니다. 당신은 유혹에 대하여 너무 경솔해서도, 너무 엄격해서도 안 됩니다. 오직 주님께 도움을 구해야 합니다. 그러면 인내와 연단을 통해 유혹으로부터 조금씩 자유해질 것입니다. 모든 유혹에서부터 우리를 건져 주시는 주님을 찬양하십시오.

주께서 나를 모든 악한 일에서 건져내시고 또 그의 천국에 들어가도록 구원하시리니 그에게 영광이 세세무궁토록 있을지어다 아멘 딤후 4:18

거룩을 갈망하는 자여 한두 번 훈계한 후에도 상대방에게 아무런 변화가 없다면 더 이상 그와 논쟁하지 말고 돌아서십시오. 그를 주님께 맡기고 그분의 뜻이 이루어지도록 간절히 기도하십시오. 오직 주님만이 어떻게 하면 악으로부터 돌이킬 수 있는지, 그리고 어떻게 하면 선을 향하여 나아갈 수 있는지 가장 잘 아시고 그 길로 인도하시는 분이기 때문입니다. 그러나 이와 다르게 누군가의 결점이나 단점이 싫어서 분해하며 논쟁하고 있다면 그 사람에 대하여 참으십시오. 당신도 '사람'이지 않습니까?

이단에 속한 사람을 한두 번 훈계한 후에 멀리하라 딛 3:10

거룩을 갈망하는 자여

굳건한 믿음 가운데 서 있으십시오. 그러기 위해서
는 당신의 상황이나 감정에 상관없이 주님 안에 거
해야 합니다. 더욱 엄격히 주의 말씀에 순종해야
합니다. 마음을 지켜야 합니다. 아직은 온전치 못
할지라도 영광의 날을 바라보며 거룩하게 기다리
십시오. 주님께 받을 상을 기대하며 거룩하게 살아
가십시오. "주인이 이를 때에 그 종이 그렇게 하는
것을 보면 그 종은 복이 있으리로다 내가 참으로
너희에게 이르노니 주인이 그 모든 소유를 그에게
맡기리라"(눅 12:43-44). 마침내 우리 주님께서 오실
것입니다! 성령으로 깨어 있으십시오.

우리가 성령으로 믿음을 따라 의의 소망을 기다리노니 갈 5:5

거룩을 갈망하는 자여

신앙생활에 있어서 '침묵'과 '고요'는 아주 중요합
니다. 그것은 영적 진보를 이루며 감추어진 진리를
깨닫게 해 주기 때문입니다. 밤에 침상에서 조용
히 흘리는 눈물은 우리의 마음을 정결하게 씻어 줍
니다. 그 눈물은 창조주와 더욱 친밀하게 이어주고
세상의 소음을 차단시켜 줍니다. 그리스도는 세상
과 멀리하는 사람들을 가까이 하십니다. 이적을 행
하면서 구원을 멀리하는 것보다 골방에서 주님과
함께 있는 것이 훨씬 더 낫습니다. 당신이 신앙의
성숙을 위하여 나대지 않고 세상 사람들과 같은 꿈
을 추구하지 않는다면 우리 주님께 칭찬받을 것입
니다.

나의 영혼이 잠잠히 하나님만 바람이여 나의 구원이 그에게서
나오는도다 시 62:1

거룩을 갈망하는 자여

주의 은총을 받은 사람은 견디기 힘든 고난과 괴롭힘을 당할지라도 두려워하지 않습니다. 은총은 주께서 믿는 자들에게 주시는 힘과 위로, 그리고 도움이기 때문입니다. 주의 은총은 모든 적보다 강하며 모든 현자보다 지혜롭습니다. 주의 은총은 진리의 주인이요, 우리를 훈련하는 교사입니다. 주의 은총은 마음의 빛이요, 환난 중의 위로입니다. 주의 은총은 신앙적 헌신의 양성자요, 모든 눈물의 근원입니다. 이러한 주의 은총이 아니면 우리는 쓸모없어 버려진 나무토막처럼 마를 것입니다. 그러므로 지금 이 시간 이렇게 기도하십시오. "주여, 주의 은총을 제 앞에 두사 항상 주를 따르게 하소서. 그리스도를 힘입어 항상 선한 일을 행하게 하소서."

이르되 큰 은총을 받은 사람이여 두려워하지 말라 평안하라 강건하라 강건하라 그가 이같이 내게 말하매 내가 곧 힘이 나서 이르되 내 주께서 나를 강건하게 하셨사오니 말씀하옵소서
단 10:19

거룩을 갈망하는 자여

본래 사람의 본성은 악한 쪽으로 기울어져 있습니다! 그래서 오늘 죄를 자백하더라도 내일 똑같은 죄를 저지를 수 있습니다. 오늘 굳게 결심하더라도 내일 그 결단을 깨뜨릴 수 있습니다. 우리는 이토록 나약하고 변덕스럽기에 늘 겸손해야 합니다. 영적 나태함으로 인하여 은혜로 얻은 것들을 한순간에 다 잃어버릴 수도 있기 때문입니다. 주님을 향한 열정이 그렇게 한순간에 식어버리면 결국 어떻게 되겠습니까? 거룩함 없이 평화와 안식을 누릴 수 있을 것이라고 착각하지 마십시오. 처음 사랑을 잃지 말고 선한 삶을 살아가기 위하여 일어나십시오. 거룩한 영적 성장을 간절히 바라십시오.

오직 너희를 부르신 거룩한 이처럼 너희도 모든 행실에 거룩한 자가 되라 벧전 1:15

거룩을 갈망하는 자여

만일 오늘 당신이 죽는다면, 믿고 싶지 않겠지만 사람들은 금세 당신을 잊어버릴 것입니다. 그러니 이 땅에 살 때에 사람을 의지하지 말고 당신의 영혼이 지금 어디로 가고 있는지 끊임없이 돌아보십시오. 사람을 의지하는 행위를 버리고 당신 자신을 위하여 선을 행하십시오. 만일 당신이 당신 영혼을 위하지 않는다면, 죽음 이후에 어떻게 되겠습니까? 가장 소중한 순간은 '지금'입니다. 바로 지금이 은혜 받을 만한 때요, 구원의 날입니다. 오늘 하루 영원한 삶으로 가는 길을 위하여 아무것도 투자하지 않는다면, 이 얼마나 슬픈 일입니까? 하루라도, 아니 한 시간만이라도 선한 삶을 위하여 발버둥 치십시오.

…보라 지금은 은혜 받을 만한 때요 보라 지금은 구원의 날이로다 고후 6:2

거룩을 갈망하는 자여

그날이 오면, 경건한 기도가 진귀한 음식보다 귀하고 침묵이 소란한 말보다 나으며 거룩한 작은 행동이 많은 말보다 가치 있고 좁은 길을 걷는 고행이 세상의 어떤 기쁨보다 크다는 것을 깨닫게 될 것입니다. 그날이 오면, 주를 위하여 당한 고통으로 영원한 고통을 피하게 되었음을 깨닫게 될 것입니다. 그러니 이제 주를 위하여 고통 당하는 십자가의 삶을 선택하십시오. 그러면 영원한 고통을 피하게 될 것입니다. 당신은 세상이 주는 기쁨과 천국을 동시에 선택할 수 없습니다. 만일 당신이 지금의 고난을 피해 도망간다면, 그리스도와 함께 다스리는 기쁨을 누리지 못할 것입니다.

그리스도가 이런 고난을 받고 자기의 영광에 들어가야 할 것이 아니냐 하시고 눅 24:26

거룩을 갈망하는 자여

뜨거운 신앙을 가진 사람은 하나님의 어떠한 명령에도 즉시 순종합니다. 그러나 미지근한 신앙을 가진 사람은 사방에서 잡음이 끊이지 않습니다. 그는 내적으로도 위로받지 못하며 외적으로도 위로를 구하지 못합니다. 사람들은 어떤 방해도 받지 않고 어디에도 구속되지 않는 자유를 원하지만, 그러한 삶은 늘 끝이 좋지 않습니다. 그리스도인이 주의 법에 맞는 삶을 살지 않는다면 곧 파멸하고 말 것입니다. 수도원 같은 곳에서 규율을 지키며 지내는 신앙인들을 보십시오. 그들은 세상일에 끼어들지 않고 매일 주의 말씀을 깊이 묵상합니다. 적게 먹고 거친 옷을 입으며 힘든 노동을 합니다. 침묵 훈련을 하고 새벽에 일어나 기도합니다. 그들은 수많은 규율들을 지키면서 스스로를 단련해 나갑니다. 당신은 이들의 삶이 갑갑하게 느껴집니까? 결코 그렇지 않습니다. 그들은 주의 법에 맞는 삶을 훈련하며 참 기쁨과 소망을 누리고 있습니다.

그들의 마음은 살쪄서 기름덩이 같으나 나는 주의 법을 즐거워하나이다 시 119:70

거룩을 갈망하는 자여

영적 삶을 원한다면 군중으로부터 멀어져 그리스도와 함께 하십시오. 말씀을 묵상하지 않는 사람이 군중 앞에 서는 것은 매우 위험한 일입니다. 침묵할 줄 모르는 사람이 사랑 없이 말하는 것도 그러합니다. 주의 다스림 가운데 있지 않은 사람이 다스리는 것과 주께 순종하지 않는 사람이 명령하는 것도 그러합니다. 선한 양심의 증거가 없는 사람이 기뻐하는 것도 그러합니다. 믿음의 선조들은 하나님을 두려워하였기에 안전할 수 있었습니다. 그들은 겸손해지려고 애쓰지 않았습니다. 왜냐하면 겸손은 참 성도라면 저절로 드러나는 삶의 열매이기 때문입니다. 반면, 악인들은 교만과 무례를 자신의 방패로 삼고, 그 결국은 자기기만입니다.

마땅히 두려워할 자를 내가 너희에게 보이리니 곧 죽인 후에 또한 지옥에 던져 넣는 권세 있는 그를 두려워하라… 눅 12:5

거룩을 갈망하는 자여

주님이 고난을 허락하시면 당신은 결코 그 고난을 피할 수 없습니다. 주님이 정하신 때까지 그 고통에서 벗어날 수 없습니다. 그러나 당신은 그 시기를 통하여 자기 자신을 부인하는 삶에 대하여 확실히 배우고, 그리스도를 본받는 삶을 살아가게 될 것입니다. 참으로 고난은 십자가로 나아가는 길이며 순종을 배우는 터전입니다. 어느 누구도 고난 없이 그리스도의 십자가를 이해할 수 없습니다. 이제 그리스도의 고난에 기꺼이 동참하십시오. 고난에 참여하는 것으로 즐거워하십시오. 그리스도인으로서 고난 받는 것을 부끄러워하지 말고, 도리어 하나님께 영광을 돌리십시오.

오히려 너희가 그리스도의 고난에 참여하는 것으로 즐거워하라 이는 그의 영광을 나타내실 때에 너희로 즐거워하고 기뻐하게 하려 함이라 벧전 4:13

6

치열한 세상살이를 위하여 목숨을 걸지 마십시오
자존심을 지키기 위하여 목숨을 걸지 마십시오
진짜 목숨을 걸어야 할 일이 무엇이겠습니까
그 목숨, 예배에 거십시오 그 생명, 주께 드리십시오

뜻을 정하여 나아가는 6월의 고백

회개

감사

간구

순종

거룩을 갈망하는 자여

당신에게 높은 자리가 주어지더라도 가장 낮은 자리를 취하십시오. 아무리 높은 곳에 있더라도 언젠가는 내려와야 합니다. 하나님 앞에서 스스로를 가장 낮게 여기고 늘 겸손하십시오. 그러면 영광을 누리게 될 것입니다. 허세를 부리지 마십시오. 그러면 완전한 진리와 하늘의 영광을 누리게 될 것입니다. 하나님 안에 확고히 서 있으십시오. 그러면 결코 교만해질 수 없습니다. 세상이 주는 영광을 구하지 말고, 오직 하늘로부터 오는 영광을 구하십시오. 당신의 모든 것으로 주님을 찬송하십시오. 이것이 앞서 살아간 믿음의 선조들의 삶의 목적이었습니다.

왕 앞에서 스스로 높은 체하지 말며 대인들의 자리에 서지 말라 잠 25:6

거룩을 갈망하는 자여 주님을 위하여 모든 것을 행한 뒤에 "저는 아무것도 아닙니다. 저는 무익한 종일 뿐입니다"라고 고백하십시오. 진리는 이렇게 말합니다. "너희도 명령 받은 것을 다 행한 후에 이르기를 우리는 무익한 종이라 우리가 하여야 할 일을 한 것뿐이라 할지니라"(눅 17:10). 만일 당신이 자기를 부인하고 살아간다면 아마 그 첫 고백은 "주님, 저는 너무나 외롭고 괴롭습니다"(시 25:16)라는 말일 것입니다. 그러나 어느 누가 당신보다 부요할 수 있겠습니까? 어느 누가 당신보다 강하고 자유로울 수 있겠습니까? 그 이유는 당신이 세상으로부터 자유해지고 자기 자신을 가장 낮게 여기는 법을 깨달았기 때문입니다.

주인이 이를 때에 그 종이 그렇게 하는 것을 보면 그 종은 복이 있으리로다 눅 12:43

거룩을 갈망하는 자여

주를 위하여 무언가 특별한 일을 하고 싶습니까?
그것은 당신이 가진 모든 것을 바칠지라도 불가능
합니다. 깊이 참회할지라도 소용없습니다. 세상의
모든 지식이 있을지라도 불가능합니다. 아무리 선
행을 많이 할지라도 아니, 죽을 만큼 헌신할지라도
부족합니다. 가장 필요한 한 가지가 빠졌기 때문입
니다. 당신이 주를 위하여 무언가를 하는 그 마음
의 동기는 무엇입니까? 너무 완벽하고 깔끔한 기
질 때문은 아닙니까? 다른 사람보다 높은 책임감
이나 의로움 때문은 아닙니까? 오늘 당신의 중심
을 점검해 보십시오.

…내가 보는 것은 사람과 같지 아니하니 사람은 외모를 보거
니와 나 여호와는 중심을 보느니라 하시더라 삼상 16:7

거룩을 갈망하는 자여

당신이 삼위일체와 같은 어려운 개념을 풀어 설명할 수 있을지라도 겸손하지 않으면 그것이 무슨 유익이 있겠습니까? 참으로 우리를 정직하고 거룩하게 하는 것은 '앎'이 아닌 '순결한 삶'입니다. 그것이 바로 주님께서 기뻐하시는 삶입니다. 그런데 주님이 기뻐하시는 삶과 우리의 실제 삶을 비교하여 볼 때, 저는 깊은 슬픔을 느끼곤 합니다. 당신은 어떻습니까? 당신이 성경말씀을 다 알고 있을지라도 주님의 사랑과 은혜 없이 살아가고 있다면, 그것이 무슨 유익이 있겠습니까? 하나님을 사랑하고 섬기는 것 외에 다른 모든 것은 헛될 뿐입니다.

아아 허탄한 사람아 행함이 없는 믿음이 헛것인 줄을 알고자 하느냐 약 2:20

거룩을 갈망하는 자여

당신이 간절히 바라는 소망이 지식과 그 지식을 통한 판단에 있다면 당신은 '사랑'을 부정하게 될지도 모릅니다. 만일 지금 당신이 그러하다면 '그리스도의 진리'와 '자기 부인'에 대하여 들려주고 싶습니다. 항상 당신 자신을 무가치하게 여기고 다른 사람들의 지혜를 귀히 여기십시오. 혹여 누군가의 죄가 드러나더라도, 또는 죄 짓는 것을 발견하더라도 그 사람을 당신보다 더 낮게 여기지 마십시오. 모든 육체는 연약하고, 당신도 당신의 인생이 얼마나 남았는지 모르지 않습니까? 진정한 사랑은 결코 당신의 지식에서 나올 수 없습니다. 사랑은 스스로 죄인 되어 십자가에 달려 돌아가신 예수 그리스도를 만날 때에 비로소 깨달아지는 것입니다.

사람의 모양으로 나타나사 자기를 낮추시고 죽기까지 복종하셨으니 곧 십자가에 죽으심이라 빌 2:8

거룩을 갈망하는 자여
'말'이 아닌 '삶'으로 진리의 가르침을 받는 사람은
진정 행복한 자입니다. 선을 경험하지 못한 무지
한 사람들이 선에 대하여 토론한들 무슨 유익이 있
겠습니까? 어리석은 사람은 불필요하고 해가 되는
일에 집중합니다. 눈이 있어도 보지 못합니다. 혹
여 지금 철학적인 심오한 질문에 빠져 있진 않습니
까? 그렇다면 영원한 진리의 말씀 안에 거하십시
오. 모든 이론으로부터 자유해질 것입니다. 진리의
말씀이 아니면 어느 누구도 올바른 이해와 판단을
할 수 없습니다. 진리가 모든 것이기 때문입니다!
진리를 따르는 사람은 쉽게 요동하지 않고 늘 평안
을 누립니다.

너는 진리의 말씀을 옳게 분별하며 부끄러울 것이 없는 일꾼
으로 인정된 자로 자신을 하나님 앞에 드리기를 힘쓰라 딤후
2:15

거룩을 갈망하는 자여

지금 바로 당신의 죄를 회개하십시오. 당신에게 죄 지은 자들을 용서하십시오. 누구에게 잘못한 것이 있다면 찾아가 용서를 구하십시오. 그러면 하늘 아버지께서도 당신을 용서해 주실 것입니다. 지체하지 말고 구원을 위하여 일어나십시오. 당신 안에 있는 독을 다 뱉어내십시오. 낙심과 게으름을 버리십시오. 그러면 거룩한 삶을 방해하는 오랜 번민과 매일의 혼란스러움이 물러갈 것입니다. 회개할 기회를 멀리하는 것은 참으로 슬픈 일입니다. 항상 당신 자신에게 엄격하십시오.

너희가 각각 마음으로부터 형제를 용서하지 아니하면 나의 하늘 아버지께서도 너희에게 이와 같이 하시리라 마 18:35

거룩을 갈망하는 자여

모든 것을 아는 지혜로운 사람은 이 세상 어디에도 없습니다. 그러니 당신 자신을 너무 신뢰하지 말고 다른 사람들의 말을 기꺼이 경청하십시오. 내 생각이 더 좋은 것 같아도 다른 사람의 의견을 받아들이는 것이 더욱 유익합니다. 이는 하나님의 사랑을 나누는 것이기 때문입니다. 반면, 다른 사람의 의견이 더 좋음에도 불구하고 여러 이유와 근거를 대며 받아들이지 않는다면 그것은 자신의 오만과 강퍅함을 드러내는 것입니다. 저는 누군가에게 충고하는 것보다 누군가의 충고를 받아들이는 것이 훨씬 더 안전하다는 것을 알기에 항상 다른 사람들의 말에 귀를 기울이려고 노력합니다.

어찌하여 형제의 눈 속에 있는 티는 보고 네 눈 속에 있는 들보는 깨닫지 못하느냐 눅 6:41

거룩을 갈망하는 자여

다른 사람들의 말과 행동에 참견하지 않는다면 우리 모두는 평화를 누릴 것입니다. 그러나 그렇지 않다면 이내 마음이 분요해지고 평안이 사라지는 것을 느끼게 될 것입니다. 옛 성인들이 깊이 묵상할 수 있었던 이유는 자신의 욕망을 억눌렀기 때문입니다. 그래서 아무 거리낌 없이 하나님과의 만남에 집중할 수 있었습니다. 반면, 우리는 감정기복이 너무 심하고, 곧 사라져 버릴 것들에 쉽게 매입니다. 때론 죄를 이기기도 하지만, 죄와 피 흘리기까지 싸우지는 않습니다. 그래서 자주 냉담한 마음으로 주저앉고 맙니다. 이제 당신의 욕망을 절제함으로써 마음이 흐트러지는 것을 허락하지 마십시오. 그러면 거룩한 일을 경험하게 될 것입니다.

오직 주 예수 그리스도로 옷 입고 정욕을 위하여 육신의 일을 도모하지 말라 롬 13:14

거룩을 갈망하는 자여

욥기서는 이렇게 기록하고 있습니다. "이 땅에 사는 인생에게 힘든 노동이 있지 아니하겠느냐"(욥 7:1). 맞습니다. 이 세상에 사는 한, 당신은 고통과 유혹으로부터 자유로울 수 없습니다. 지금도 사탄은 우는 사자 같이 두루 다니며 삼킬 자를 찾고 있습니다. 유혹을 피하고 악에 빠지지 않도록 기도하십시오. 세상에는 유혹이나 시련을 피할 수 있는 비밀스러운 장소나 거룩한 상태가 존재하지 않습니다. '죄'가 항상 있기에 결코 안전하지 않습니다.

…유혹에 빠지지 않게 기도하라 하시고 눅 22:40

거룩을 갈망하는 자여

많은 사람들이 자기도 모르는 사이에 이기적으로 변합니다. 그들의 특징은 이러합니다. 자신의 소원이 이루어질 때나 자기가 좋아하는 일을 할 때는 마음에 안정을 느끼지만, 자기 뜻대로 되지 않을 때는 크게 동요하고 슬퍼합니다. 다른 사람들의 감정이나 생각을 공감하지 못해서 관계가 잘 깨집니다. 자기 방식을 내려놓지 못하고 스스로 의로우며 고집이 셉니다. 당신은 믿음의 진보를 이루길 원합니까? 그렇다면 당신의 지식과 방법을 다 내려놓고 그리스도께 순복하십시오. 그분은 당신에게 완전한 복종을 원하십니다. 당신을 향한 그분의 사랑을 의지하십시오. 그 사랑은 인간의 지혜를 초월하며 결코 이기적이지 않습니다.

다만 네 고집과 회개하지 아니한 마음을 따라 진노의 날 곧 하나님의 의로우신 심판이 나타나는 그 날에 임할 진노를 네게 쌓는도다 롬 2:5

거룩을 갈망하는 자여 믿음의 선조들의 삶을 돌아보길 원합니다. 그들은 세상이 추구하는 삶을 따르지 않았습니다. 진리의 빛 안에 거하기 위하여 신실하게 신앙생활을 하였습니다. 그들은 굶주림과 목마름, 추위와 벌거벗음, 노동과 피로, 철야와 금식, 박해와 고난 속에서도 충성스럽게 주님을 섬겼습니다. 성경을 한번 보십시오. 얼마나 많은 이들이 그리스도의 발자취를 따르기 위하여 혹독한 시련을 겪었습니까! 그들은 참으로 이 땅에 미련을 두지 않았습니다. 오직 영원한 삶을 추구하였습니다. 아, 그들의 삶에 비추어 오늘날 우리의 모습을 바라보니 왠지 모를 슬픔이 느껴집니다.

믿음은 바라는 것들의 실상이요 보이지 않는 것들의 증거니 선진들이 이로써 증거를 얻었느니라 히 11:1-2

거룩을 갈망하는 자여

옛 성인들은 세상의 부, 권력, 명예, 그리고 관계를
스스로 포기하였습니다. 그들은 세상의 그 어떤 것
도 바라지 않았습니다. 살아가는데 필요한 최소한
의 것만을 소유하고 스스로 가난해졌습니다. 그러
나 그들은 영적으로 부요하였고 그 삶에 하나님의
은총과 위로가 넘쳤습니다. 세상에서는 이방인이
었으나 주님에게는 친밀한 벗이었습니다. 세상에
서는 멸시를 당했으나 주님께는 귀히 여김을 받았
습니다. 그들은 진실로 겸손했고 주님의 말씀에 즉
시 순종하였습니다. 그들은 날마다 하나님께로 나
아가 은총을 누렸습니다. 만일 당신이 세상을 부러
워하고 두려워하고 있다면 결코 영적으로 부요해
질 수 없습니다. 세상의 것과 하늘의 것을 둘 다 소
유할 수 있을 것이라고 착각하지 마십시오.

근심하는 자 같으나 항상 기뻐하고 가난한 자 같으나 많은 사
람을 부요하게 하고 아무것도 없는 자 같으나 모든 것을 가진
자로다 고후 6:10

거룩을 갈망하는 자여
의지가 강한 사람도 빈번히 실패하는 일이라면 의
지가 약한 사람은 어떠하겠습니까? 당신은 강한
의지로 계획한 일을 끝까지 성취하는 편입니까?
우리는 살아가면서 참 많은 계획을 세우고, 또 세
운 만큼 실패하기도 합니다. 경건 훈련도 이와 같
습니다. 잠깐의 태만으로 인하여 실패할 때가 얼마
나 많은지 모릅니다. 그러므로 당신을 둘러싸고 있
는 모든 악한 것들에 힘써 대항하십시오. 늘 당신
의 영과 육을 살피고 주의하고 다스리십시오. 우리
의 영과 육은 완전함을 추구하는 중요한 열쇠이기
때문입니다. 경건은 단번에 주어지는 것이 아닙니
다. 훈련을 통하여 내가 직접 수고하여 얻는 것입
니다.

우리를 양육하시되 경건하지 않은 것과 이 세상 정욕을 다 버
리고 신중함과 의로움과 경건함으로 이 세상에 살고 딛 2:12

거룩을 갈망하는 자여

아무리 경건하고 독실한 성도라 할지라도, 그의 평
생이 안전할 것이라고 보증할 수 있는 사람은 단
한 명도 없습니다. 오히려 지나친 명성은 그를 위
험에 빠트릴 수 있습니다. 우리 주위에 유명세를
얻음으로써 넘어진 사람들이 얼마나 많습니까? 많
은 것을 가지고 있지 않는 것이 유혹으로부터 자유
로워지는 비결입니다. 그러니 교만하지 마십시오.
하나님 외에 다른 무엇으로도 위로를 얻으려 하지
마십시오. 선한 양심을 가진 사람은 쾌락을 따르지
않고 세속적인 일에 얽매이지 않습니다. 그는 근심
하지 않고 항상 평안하며 거룩한 것을 생각합니다.
또한 진리의 하나님께 영혼에 유익이 되는 일들을
구합니다.

교만은 패망의 선봉이요 거만한 마음은 넘어짐의 앞잡이니라
잠 16:18

거룩을 갈망하는 자여 영적으로 성숙해지길 원한다면, 더 무거운 십자가를 지고 주를 따르십시오. 그리스도를 향한 사랑이 깊어질수록 삶의 괴로움도 커지겠지만, 마침내 그 고통은 소망으로 변화될 것입니다. 육신은 쇠할지라도 영은 은혜 아래 더욱 강건해질 것입니다. 시련과 곤경이 끊이지 않겠지만, 이로써 더욱 강해질 것입니다. 그러니 고통 없는 삶을 구하지 마십시오! 우리는 내가 원하는 것이 아닌, 하나님의 기준에 부합되는 것만을 구해야 합니다. 이제 성숙한 신앙인의 영적 삶을 통해 육신이 싫어하고 피하는 것을 기꺼이 받아들이십시오. 십자가를 사랑하는 법을 배우십시오.

그들이 예수를 맡으매 예수께서 자기의 십자가를 지시고 해골(히브리 말로 골고다)이라 하는 곳에 나가시니 요 19:17

거룩을 갈망하는 자여

때로는 사랑하는 마음이 보상을 바라는 마음, 내 유익을 구하는 마음으로 인하여 딱딱하게 굳어지기도 합니다. 그러나 그리스도의 진리와 사랑 안에 거하는 사람은 이것에 대하여 걱정하지 않아도 됩니다. 그리스도 안에 거하는 사람은 자신의 유익을 구하지 않고, 오직 하나님의 영광을 위하여 모든 것을 구합니다. 자기 뜻대로 되는 것을 바라지 않고, 자신의 안위만을 구하지 않습니다. 다른 사람과 경쟁하려 하지 않고, 오직 하나님께만 영광을 돌립니다. 만일 당신이 진실한 사랑으로 스스로를 희생하면 세상 것에 집착하는 것이 얼마나 덧없는가를 깨닫게 될 것입니다.

···나의 사랑 안에 거하라 요 15:9

거룩을 갈망하는 자여

영성을 추구하는 사람은 자신이 이 땅에서 고난 당할 것에 대하여, 애통해 할 것에 대하여 잘 알고 있습니다. 왜냐하면 인간의 본성이 타락했음을 분명히 알고 이해하고 있기 때문입니다. 사람이라면 누구나 먹고 마시고 자고 쉬는 등의 행위가 필요합니다. 그러나 그리스도인은 본성을 멀리하므로 육신을 위한 모든 행위가 슬픔과 고통으로 찾아올 수 있습니다. 물론 그 고통이 영원하지는 않을 것입니다. 언젠가 그 모든 것으로부터 벗어나 자유롭게 될 것입니다. 시편 기자도 그 자유를 바라며 간절히 기도하였습니다. "내 마음의 근심이 많사오니 나를 고난에서 끌어내소서"(시 25:17). 고난을 외면하는 자에게는 화가 임할 것입니다. 부패한 삶을 사랑하는 자에게는 더욱 큰 화가 임할 것입니다. 주께 돌아오지 않고 계속 그렇게 살아간다면, 결국 그는 하나님 나라에 들어가지 못할 것입니다.

하나님의 나라는 먹는 것과 마시는 것이 아니요… 롬 14:17

거룩을 갈망하는 자여

오래 사는 것이 무조건 좋은 것만은 아닙니다. 오히려 그 세월만큼 죄를 더 많이 지을 수도 있습니다. 신앙의 연수도 마찬가지입니다. 연수가 많다고 하여 더 경건하다고 말할 수 없습니다. 진정으로 매일의 삶에서 죽음을 준비하는 사람은 복이 있습니다. 만일 당신이 죽음에 대하여 깊이 생각하고 있다면, 오히려 이 땅의 위험으로부터 자유로워지고 두려움으로부터 해방되는 것을 경험하게 될 것입니다. 결코 죽음을 두려워하지 마십시오. 오히려 기쁘게 여기십시오. 천국에서의 영원한 삶을 소망하십시오.

…나는 의인의 죽음을 죽기 원하며 나의 종말이 그와 같기를 바라노라 하매 민 23:10

거룩을 갈망하는 자여

어떤 이는 회심하자마자 큰 시험이 찾아오기도 하고 어떤 이는 인생의 마지막에 찾아오기도 합니다. 어떤 이는 일생 동안 시험에 시달리기도 하고 어떤 이는 시험에서 금세 벗어나기도 합니다. 이렇게 서로가 다른 이유는 각 사람을 구원하시기 위한 주님의 뜻이 다르기 때문입니다. 바울은 "시험 당할 즈음에 또한 피할 길을 내사 너희로 능히 감당하게 하시느니라"고 말합니다(고전 10:13). 지금 시험 가운데 있습니까? 절망하지 말고 주께 나아가 도움을 구하십시오. 당신의 영혼을 주께 맡기고 그분 앞에 겸손히 엎드리십시오. 주님은 겸손한 자를 구원해 주십니다. 고난은 우리를 성장시키므로 그때에 선을 행하고 덕을 세우도록 힘쓰십시오. 평탄할 때, 경건을 추구하며 사는 것은 어렵지 않으나 고난 당할 때는 그것이 결코 쉽지 않습니다. 고난 중에 인내하십시오. 그러면 믿음의 큰 진보를 이루게 될 것입니다.

형제들아 주의 이름으로 말한 선지자들을 고난과 오래 참음의 본으로 삼으라 약 5:10

거룩을 갈망하는 자여

묵상을 깊이 하는 사람일수록, 마음이 단순한 사람일수록 하늘로부터 오는 지식의 빛을 받아 이해력이 깊어집니다. 영혼이 순수하고 정직하며 안정된 사람일수록 하나님의 영광을 위하여 행하고 감정적으로 행동하지 않습니다. 뿐만 아니라 마음에 기쁨이 가득하고 자기 자신만을 위하여 구하지 않습니다. 선하고 경건한 사람일수록 먼저 자신이 해야 할 일에 대한 계획을 세웁니다. 변덕스러운 악한 본능을 따르지 않으며 건전한 이성을 따라 행동합니다. 또한 늘 자기 자신의 동기를 시험하고 자기 자신과 싸웁니다. 그 이유는 인생의 목적이 그리스도께 굴복하고 선을 행하는 것이기 때문입니다. 당신 삶의 모든 목적이 그리스도가 될 때, 당신은 변화되지 않을 수 없습니다.

선을 간절히 구하는 자는 은총을 얻으려니와 악을 더듬어 찾는 자에게는 악이 임하리라 잠 11:27

거룩을 갈망하는 자여

소망과 절망 사이에서 흔들렸던 한 사람의 이야기입니다. 그는 지난날을 후회하며 제단 앞으로 나아가 겸손히 무릎을 꿇고 고백하였습니다. "주님, 지금 알고 있는 것을 그때도 알았더라면 제가 끝까지 견뎠을지 모릅니다." 이에 주님은 이렇게 말씀하셨습니다. "그때 네가 알았을지라도 무엇을 할 수 있었겠느냐? 지금 그것을 행하라. 행함으로 증명해 보이라!" 이후로 그의 마음에 위로와 평안이 찾아왔습니다. 그는 더 이상 불안해하며 장래의 일을 주님께 묻지 않았습니다. 모든 일의 처음부터 끝까지 주님의 뜻을 구하며 묵묵히 선을 행하였습니다. 당신이 후회하고 있는 일은 무엇입니까? 더 이상 후회하는 마음에 붙들려 있지 말고 지금 바로 선을 행하십시오.

악을 버리고 선을 행하며 화평을 찾아 따를지어다 시 34:14

거룩을 갈망하는 자여

아무 일도 하지 않고 하루 종일 주님만 찬양하면 얼마나 행복하겠습니까? 먹을 것, 마실 것, 잠잘 것에 대한 걱정 없이 주님만 예배하고 깊이 있는 영성만 추구하면 얼마나 좋겠습니까? 필요를 채우기 위하여 육신의 노예로 살지 않아도 되는 삶은 또 얼마나 기쁘겠습니까? 물론 이 땅에서는 불가능한 일이지만, 우리가 피조물로부터 어떤 위로도 구하지 않게 된다면 하나님의 깊은 지혜를 경험하기 시작할 것입니다. 그때는 어떤 일이 일어나도 요동하지 않고 만족해 할 것입니다. 세상의 기준에 따라 기분이 좌지우지되지 않을 것입니다. 믿음 가운데 거하고 썩어 없어질 우상들을 만들어 섬기지 않을 것입니다. 오직 하나님만 의지하고 전적으로 헌신할 것입니다. 영원한 기쁨을 누릴 그날을 위하여 오늘 한 걸음 더 피조물이 주는 위로로부터 멀어지십시오.

우상들은 온전히 없어질 것이며 사 2:18

거룩을 갈망하는 자여

이 세상에서 영원히 머물 수 있는 곳은 어디에도 없습니다. 우리는 나그네이고 순례자일 뿐입니다. 그런데 혹 이 땅에서 안식처를 찾고 있진 않습니까? 찰나에 지나가 버리고 마는 땅의 것이 아닌 하늘의 것을 사모하십시오. 세상의 모든 것은 곧 사라질 것입니다. 세상의 덫에 걸리지도 말고 세상에 들러붙지도 마십시오. 저는 당신이 그렇게 멸망하는 자가 되지 않기를 간절히 바랍니다. 항상 당신의 마음을 그리스도께 고정하고 그분과 친밀히 교제하십시오. 그런데 하늘의 것을 사모한다는 것이란 무엇입니까? 아직 잘 알지 못하겠다면, 그리스도가 당신을 위하여 기꺼이 당하신 고난과 그분의 거룩한 상처를 깊이 묵상하십시오.

만일 그리스도 안에서 우리가 바라는 것이 다만 이 세상의 삶 뿐이면 모든 사람 가운데 우리가 더욱 불쌍한 자이리라 고전 15:19

거룩을 갈망하는 자여

당신과 함께 하는 사람이 누구인지, 또는 당신을 반대하는 사람이 누구인지에 대하여 너무 예민하게 생각하지 마십시오. 사람들에게 해를 당할까 봐 두려워하지 마십시오. 다만 하나님께서 행하시는 모든 일에 관심을 가지십시오. 하나님은 마음이 청결한 사람을 지켜 주시고, 고난 가운데 침묵하는 사람을 도와주실 것입니다. 그러니 사람들을 의지하지 말고 우리를 도우시고 모든 근심에서 해방시켜 주시는 그분의 손안에서 당신 삶의 자리를 지켜 내십시오. "저는 당신보다 나은 것이 하나도 없습니다!"라고 고백하며 스스로를 열등하게 만드십시오. 그렇지 않다면 지금 당신의 신앙은 어떠한 믿음의 진보도 이루지 못한 상태입니다.

내가 사망의 음침한 골짜기로 다닐지라도 해를 두려워하지 않을 것은 주께서 나와 함께 하심이라 시 23:4

거룩을 갈망하는 자여 정의롭게 살기 위하여 노력하십시오. 당신의 모든 행동에 아름다운 색을 입히고, 사람들에게 인정받지 못하더라도 늘 최선을 다하십시오. 용서할 수 없는 사람을 용서하십시오. 누군가를 판단하지 마십시오. 혹시 지금 누군가에게 화가 나 있습니까? 당신 자신에게도 화가 나 있는 것은 아닙니까? 이 시간, 십자가 앞에서 당신 자신을 정직하게 돌아보십시오. 그러면 당신이 주님의 자비와 겸손으로부터 얼마나 멀어져 있는지 깨달을 것입니다. 누구나 평온한 삶을 원합니다. 친절하고 착한 사람과 사귀고 싶어 합니다. 사실 좋은 사람들과 친해지는 것은 어렵지 않습니다. 그러나 껄끄럽고 심술궂은 사람, 나를 불안하게 만드는 미숙한 사람과는 친해지기 어렵고 사귀기도 싫습니다. 그러나 당신이 그런 사람들에게 먼저 다가간다면, 그것은 주님께서 기뻐하시는 매우 용감한 행동입니다.

너희가 만일 너희를 사랑하는 자만을 사랑하면 칭찬 받을 것이 무엇이냐 죄인들도 사랑하는 자는 사랑하느니라 눅 6:32

거룩을 갈망하는 자여

착한 양심으로 살아가고 주 안에서 기뻐하십시오.
그러면 역경의 한가운데서도 힘을 얻고 기쁨을 누
릴 것입니다. 비난받을 만한 일이 없다면 당신은
언제 어디서나 평안할 것입니다. 그러나 악한 마음
을 품고 살아가면 저항과 두려움을 마주하게 될 것
입니다. 주님은 "악인에게는 평강이 없다"(사 48:22)
고 말씀하셨습니다. 악인들이 "우리에게는 아무런
악의가 없습니다. 우리는 어느 누구도 해하지 않고
평화를 외칩니다"라고 말할지라도 믿지 마십시오.
결국 그들의 악한 행위는 무가치하게 되고 그들의
악한 생각은 소멸될 것이기 때문입니다. 당신은 어
떤 마음으로 살아가고 있습니까? 주께서 당신을
살피시고 시험하사 당신의 뜻과 양심을 단련해 주
시기를 간구합니다.

믿음과 착한 양심을 가지라 어떤 이들은 이 양심을 버렸고 그
믿음에 관하여는 파선하였느니라 딤전 1:19

거룩을 갈망하는 자여

원하는 것을 다 갖는다 할지라도 그 기쁨이 얼마나 오래 지속되겠습니까? 성공은 연기처럼 사라지고 그 기쁨도 영영히 기억되지 못할 것입니다. 영혼을 향한 고뇌가 묻어 있지 않는 기쁨은 결코 오래 가지 못합니다. 우리는 '행복'하게 해 주리라 믿었던 세상의 성공으로 인하여 오히려 형벌을 받게 될 것입니다. 이것이 주님의 공의이며 정의입니다. 지각 없이 쾌락을 구하고 따르는 자는 주님의 기쁨에 이르지 못할 것입니다. 세상의 모든 쾌락이 얼마나 빨리 사라지고, 얼마나 거짓된지 깨달으십시오. 그러나 쾌락을 위하여 영혼의 죽음을 자초하는 자들, 이성 없는 짐승처럼 행하는 자들, 술에 취해 비틀거리는 자들은 이것을 결코 깨닫지 못할 것입니다.

이 세상이나 세상에 있는 것들을 사랑하지 말라… 요일 2:15

거룩을 갈망하는 자여

당신이 피조물로부터 자유해지면 그리스도께서 당신 안에 거하실 것입니다. 그러나 그리스도로부터 멀어지면 당신이 의지해 온 모든 것이 무너지는 것을 경험하게 될 것입니다. 사라져버릴 풀의 꽃과 같은 영광을 의지하지 마십시오. 외적인 것만 추구하면 사탄에게 쉽게 현혹되고 맙니다. 외적인 것에서 위로를 찾으면 결국 낙심하게 됩니다. 우리의 모든 것 되시는 그리스도만을 찾으십시오. 틀림없이 그분을 발견하게 될 것입니다. 그러나 자기 자신만을 위하여 사는 사람은 마침내 파멸할 것입니다.

부한 자는 자기의 낮아짐을 자랑할지니 이는 그가 풀의 꽃과 같이 지나감이라 약 1:10

거룩을 갈망하는 자여

그리스도는 이 땅에서 지독한 멸시를 당하셨습니다. 도움이 가장 필요한 때에 버림을 당하셨고(막 14:50) 어느 제자는 그분을 배반하고 팔아넘겼습니다. 그러나 그리스도는 모두를 위하여 기꺼이 십자가에 달려 돌아가셨습니다. 당신이 십자가에 달리신 그리스도를 조금이라도 깊이 생각한다면 감히 불평할 수 없을 것입니다. 지금 당신의 모습을 좀 보십시오. 모든 사람과 친해지지 못해 안달하고, 아무 고난과 인내 없이 보상을 받으려고 합니다. 그리스도를 위하여 고난 받기를 거절하면서 어떻게 그분의 친구가 될 수 있겠습니까? 장차 그리스도와 함께 다스리길 원한다면 그분과 함께, 그리고 그분을 위하여 기꺼이 고난을 받으십시오.

그가 아들이시면서도 받으신 고난으로 순종함을 배워서 히 5:8

7

모든 성공이 축복이고
모든 고난이 저주라고 함부로 말하지 마십시오
그리스도가 당신을 위하여 기꺼이 당하신 고난과
그분의 거룩한 상처를 깊이 묵상하십시오

뜻을 정하여 나아가는 7월의 고백

회개

감사

간구

순종

내 사랑하는 자야

너는 '천국에 꼴등으로라도 들어갈 수 있을까'를 고민하기보다 '거기서 누가 더 큰가'만을 궁금해하는구나. 나의 나라에서는 아무리 작은 자라도 귀히 여김을 받는다. 모두가 나의 자녀로 부름 받았기 때문이다. 제자들이 "천국에서는 누가 크니이까?"라고 물었을 때, "너희가 돌이켜 어린아이들과 같이 되지 아니하면 결단코 천국에 들어가지 못하리라 그러므로 누구든지 이 어린아이와 같이 자기를 낮추는 사람이 천국에서 큰 자니라"(마 18:3-4)고 대답하지 않았느냐? 어린아이와 같이 낮아지는 것에 대하여 경멸하는 자에게 화가 있을 것이다. 천국의 가장 낮은 문조차도 그들이 통과하는 것을 허락하지 않을 것이다. 세상의 부를 위로로 삼는 자에게도 화가 있을 것이다. 그들은 가난한 자들이 천국에 들어갈 때 문 밖에 서서 슬피 울 것이다. 겸손한 자여, 기뻐하라! 가난한 자여, 크게 기뻐하라! 천국은 진리 안에 살아가는 너희들의 것이다.

…어린아이들이 내게 오는 것을 용납하고 금하지 말라 하나님의 나라가 이런 자의 것이니라 눅 18:16

내 사랑하는 자야
고난 가운데 진실로 인내하는 자는, 자신에게 닥친 고난이 얼마나 큰 불행을 가져오는지, 얼마나 자주 오는지, 그리고 누구로부터 오는지 문제 삼지 않는다. 중요한 것은 고난을 '하나님의 손길'로 감사히 받아들이는 것이고, 훗날 받을 인내의 보상을 계수하는 것이다. 사랑하는 자야, 일어나 나와 함께 가자. 그리하면 아무리 힘든 고난이 와도 이겨낼 수 있을 것이다. 승리하길 원하느냐? 싸울 준비를 하여라. 분투 없이 어찌 인내의 면류관을 얻을 수 있겠느냐? 고난을 거부하는 것은 면류관을 거절하는 것과 같으니 너는 대장부처럼 일어나 용감하게 싸워라. 끝까지 인내하라. 노동 없는 안식이 없듯 전쟁 없는 승리도 없다.

의인은 고난이 많으나 여호와께서 그의 모든 고난에서 건지시는도다 시 34:19

내 사랑하는 자야

내 안에 거하길 원하면 네게 있는 묵은 누룩을 제거하고 마음을 정결하게 하라. 세상의 모든 소음을 끊어내고, 영혼의 괴로움 가운데 지은 모든 죄를 자복하라. 사람들은 사랑하는 이의 마음에 들기 위하여 자기 자신을 희생하고 끊임없이 노력한다. 그러나 내게로 나아오는 것은 노력만으로 불가능하다. 오직 나의 은혜로만 가능하다. 이는 왕의 잔치에 초대받은 거지가 겸손히 감사를 표하는 것 외에 무엇으로도 그 은혜를 갚을 길이 없는 것과 같다. 많은 이들이 "제가 주를 위하여 이것도 하고 저것도 했습니다"라고 경쟁하듯 말하지만, 그것이 나와 아무 상관없을 수 있다는 것을 명심하라.

…여호와와 그의 은총으로 나아가리라 호 3:5

내 사랑하는 자야 논쟁이라는 험난한 길을 멀리하고 '진리의 길'을 가는 것이 진정한 '복'이다. 그러나 많은 사람들이 자신의 능력 이상의 것을 추구하다가 믿음에 관하여 파선하는구나. 사랑하는 자야, 네게 진정 필요한 것은 고상한 지성도, 하늘의 신비를 탐구하는 것도 아니다. 오직 믿음과 신실한 삶이다! 이 땅에서 일어나는 작은 일 하나도 이해하지 못하면서 어찌 하늘의 일을 이해할 수 있겠느냐? 오직 나에게 순종하고 네 지성을 믿음에 예속시키라. 그리하면 너를 위하여 예비 된 깨달음의 빛이 비춰질 것이다. 내 가르침을 잘 따르며 경건하고 겸손하게 살아가라. 그리하면 네가 진리를 깊이 경험할 수 있도록 인도하리라.

진리의 말씀이 내 입에서 조금도 떠나지 말게 하소서 내가 주의 규례를 바랐음이니이다 시 119:43

내 사랑하는 자야

어찌하여 네 마음이 욕망으로 가득 차 있고, 감정에 따라 함부로 행동하고 있느냐? 어찌하여 헛된 공상에 빠져 있느냐? 어찌하여 외모에만 집착하고 내면은 돌보지 않느냐? 어찌하여 참회의 눈물을 멀리하느냐? 어찌하여 네 안락과 쾌락만 꾀하느냐? 어찌하여 기괴한 소식을 즐기느냐? 어찌하여 집요하게 재산을 모으느냐? 어찌하여 함부로 말하고 경솔하게 행동하느냐? 어찌하여 음식만 탐하고 영의 양식인 말씀에는 귀를 막느냐? 어찌하여 허망한 대화를 좋아하느냐? 어찌하여 예배에 집중하지 못하느냐? 어찌하여 성찬 의식에 아무 감동도 느끼지 못하고 산만하느냐? 어찌하여 말씀을 묵상하지 못하느냐? 어찌하여 다른 사람의 결점을 찾아내길 좋아하느냐? 어찌하여 네 뜻대로 안되면 무기력해지고, 만사가 잘되어야만 기뻐하느냐? 어찌하여 결단한 선한 일을 행하지 않느냐? 사랑하는 자야, 이런 네 자신에 대하여 애곡하라!

너희는 애곡할지어다 여호와의 날이 가까웠으니 전능자에게서 멸망이 임할 것임이로다 사 13:6

　　　　　　　　　　내 사랑하는 자야

처음부터 나는 예언자들에게 내 입의 말을 주었고

지금도 변함없이 나의 종들을 통하여 내 음성을 들

려주고 있다. 그런데 어찌하여 너희는 내 음성을

듣고도 이리 냉담할 수 있느냐? 어찌하여 세상의

소리를 더 즐거워할 수 있느냐? 그렇다면 너는 항

상 육신의 욕망을 따를 준비가 되어 있는 자이다.

세상을 섬기기 위하여 열심을 내는 자이다. 사람에

게서 사랑을 갈구하는 자이다. 과연 이 세상에서

완전하고 영원한 것을 약속해 주는 나만을 바라보

는 자는 누구냐? 세상을 섬기는 열정만큼 내게 순

종하고 나를 섬기는 자는 누구냐?

이스라엘 자손들아 너희는 심히 거역하던 자에게로 돌아오라
사 31:6

내 사랑하는 자야

내가 기뻐하는 것이 무엇인지 네게 가르쳐 주리라. 먼저 네 죄에 대하여 통회 자복하라. 그리고 네가 선한 일을 많이 했다고 하여 스스로를 선한 존재로 착각하지 말라. 너는 진실로 '죄인'이다. 죄로 인하여 격정과 혼란에 휩싸여 사는 존재, 무가치한 쪽으로 쉽게 치우치는 존재이다. 너는 한순간에 추락할 수 있고 정복당할 수 있는 존재이다. 자랑할 만한 것이 하나도 없는 존재이다. 오직 내 앞에 서서 네 자신을 보라. 내 말씀 앞에서 내 행위를 밝히 보라. 네가 분명 죄인인 줄 깨달으라. 오직 나만을 의지하라.

…그리스도 예수께서 죄인을 구원하시려고 세상에 임하셨다 하였도다 죄인 중에 내가 괴수니라 딤전 1:15

내 사랑하는 자야 오랜 대적 마귀는 온갖 방법으로 너를 훼방할 것이다. 네 모든 경건 훈련, 믿음의 선조들을 향한 존경, 고난에 대한 거룩한 묵상, 선한 일을 향한 굳은 결심으로부터 너를 돌이키게 하려고 애쓸 것이다. 사탄은 네가 지쳐 있을 때, 두려움을 느낄 때에 네게 악한 생각을 집어넣어 나를 향한 기도와 거룩한 묵상으로부터 멀어지게 할 것이다. 사탄은 네가 겸손히 드리는 고백을 싫어하기에 예배를 방해하려고 애쓸 것이다. 사랑하는 자야, 사탄이 네 앞에 올무를 놓고 기다리고 있으니 깨어 있으라. 헛된 자기만족과 교만을 늘 주의하라. 많은 자들이 그것으로 인하여 잘못된 길로 빠졌음을 기억하라. 스스로 교만해져 몰락해버린 자들을 거울삼아 네 자신을 더욱 낮추라.

근신하라 깨어라 너희 대적 마귀가 우는 사자 같이 두루 다니며 삼킬 자를 찾나니 벧전 5:8

내 사랑하는 자야

많은 사람들이 자기 계획대로 일이 되지 않을 때에 아주 조급해지거나 나태해진다. 그러나 너는 이것을 알라. 네 길을 인도하는 자는 오직 나이다! 나는 내가 기뻐하는 뜻을 따라, 내가 원하는 자에게 은총을 베풀어 줄 것이다. 그런데 어떤 이는 자신이 은총을 누리고 있다고 착각하고 살다가 스스로 파멸에 이르고 만다. 그의 문제가 무엇이냐? 바로 아무 분별없이 충동적으로 행동하였기 때문이다. 곧 무너져 내릴 자기 집을 세우는 데만 열중하였기 때문이다. 그에게, 그리고 너에게 진정 필요한 것이 무엇이냐? 그것은 스스로 날개를 펼쳐 나는 법이 아닌, 오직 나를 향한 신뢰와 겸손이다.

사람이 마음으로 자기의 길을 계획할지라도 그의 걸음을 인도하시는 이는 여호와시니라 잠 16:9

내 사랑하는 자야 내가 네 최고이자 최후의 목적이 되게 하라. 그러면 악에 치우치지 않고 모든 악한 행위로부터 정결하게 될 것이다. 그러나 아니라면 네 내면은 무너지고 황폐해질 것이다. 나의 은총과 자비 안에 거하라. 그리하면 질투, 옹졸한 마음, 자기 사랑이 네 안에 자리 잡지 못할 것이다. 내 사랑을 갈망하라. 그리하면 내가 네 모든 것을 정복하여 영혼을 강하게 세워줄 것이다. 네 모든 것을 내게 맡기라. 내가 모든 것을 네게 주지 않았느냐? 이 세상의 모든 근원이 바로 나임을 잊지 말라. 생수의 근원인 내게로 와서 생명수를 마시라. 나를 섬기면 은혜 위에 은혜를 경험하게 될 것이다. 그러나 나로부터 멀어져 스스로 영광을 취하고 향락을 구하면 진정한 기쁨을 알지 못하고 무거운 짐을 지고 고뇌의 길을 걷게 될 것이다.

내가 생명수 샘물을 목마른 자에게 값없이 주리니 계 21:6

내 사랑하는 자야

아무리 선한 일이라 할지라도 스스로 절제하라. 지나친 열심으로 네 자신을 괴롭게 하지 말라. 그러나 네 안에 있는 욕망에 대해서는 힘을 다하여 거세게 저항하라. 네 육체의 소욕을 지배하라. 작은 것에 만족해하고 기뻐하라. 거룩한 삶을 위하여 끊임없이 훈련하고 성령님의 인도하심을 구하라. 성령을 따라 행하라. 네 욕망을 따르지 않도록 늘 깨어 기도하라. 욕망은 너를 잠시 즐겁게 해 줄지 모르나 곧 후회하게 만들 것이다. 눈에 보기 좋은 것이 아닌 가장 선한 것을 구하라. 나를 거스르는 사랑이라면 냉정하게 거절하라.

내가 이르노니 너희는 성령을 따라 행하라 그리하면 육체의 욕심을 이루지 아니하리라 갈 5:16

내 사랑하는 자야 나에게 자신을 온전히 의탁하지 않는 자는 자기를 사랑하고 불의한 것을 열망한다. 반면, 겸손한 자는 옳은 행동을 하고 결코 이기적이지 않다. 피조물로부터 어떠한 위로도 구하지 않는다. 사도 바울은 이렇게 고백하였다. "옳다 인정함을 받는 자는 자기를 칭찬하는 자가 아니요 오직 주께서 칭찬하시는 자니라"(고후 10:18). 세상은 너 자신을 사랑하라, 드러내라, 자랑하라고 부추기지만 나의 나라는 그러하지 않다. 너 자신을 미워하고 부인하고 낮아져야 한다. 사랑하는 자야, 세상을 향한 네 모든 열망으로부터 멀어지라. 마음으로부터 나와 동행하기 시작하라. 그것이 바로 영의 사람의 마음 상태이다.

지극히 작은 것에 충성된 자는 큰 것에도 충성되고 지극히 작은 것에 불의한 자는 큰 것에도 불의하니라 눅 16:10

내 사랑하는 자야

네 눈에 아무리 선하고 정직하게 보이는 것이라 할지라도 모두 성령으로부터 난 것이 아님을 명심하라. 너는 "주께서 기뻐하시는 일만, 주께 영광이 되는 일만 이루어지길 원합니다"라고 고백하지만, 내가 기뻐하고 내게 영광이 되는 일을 어떻게 분별할 수 있느냐? 네가 하고자 하는 일이 성령으로부터인지 악한 영으로부터인지 어떻게 알 수 있느냐? 이전에도 많은 이들이 성령의 인도하심이라 확신하고 행하였다가 결국 자신이 틀렸음을 깨닫고 눈물을 흘리곤 하였다. 다만 너는 날마다 의의 말씀을 경험하라. 말씀의 초보에서 벗어나지 못하면 너도 이와 같이 될 것이다.

단단한 음식은 장성한 자의 것이니 그들은 지각을 사용함으로
연단을 받아 선악을 분별하는 자들이니라 히 5:14

내 사랑하는 자야 나는 네 탄식 소리를 들었고 네 갈망이 무엇인지 다 알고 있다. 너는 영원히 거할 천국을 간절히 사모하지만 아직은 그 때가 아니다. 너는 먼저 분투와 수고, 고난의 시간 안에 있어야 한다. 너는 그 어떤 악도 용납하지 않는 선한 사람이 되길 원하지만 지금은 그럴 수 없다. 오직 나만이 최고의 선이므로 나의 나라가 임할 때까지 잠잠히 기다리라. 너는 내가 남겨 둔 이 땅에서 더욱 단련되어져야 한다. 보라, 내가 고난의 풀무 불에서 너를 연단할 것이다. 그러나 나의 고난이 네게 넘친 것 같이 나로 말미암아 위로도 넘치게 받을 것이다.

다만 이뿐 아니라 우리가 환난 중에도 즐거워하나니 이는 환난은 인내를, 인내는 연단을, 연단은 소망을 이루는 줄 앎이로다 롬 5:3-4

내 사랑하는 자야

나의 은총을 끊임없이, 그리고 열렬히 구하라. 은혜 입을 그날을 소망하며 인내로써 기다리라. 다만 그 시기와 방법은 내게 온전히 맡기라. 때론 긴 기다림 가운데 네 자신에게 믿음이 없다고 느껴질 때도 있을 것이다. 그러나 그로 인하여 낙심하거나 슬퍼하지 말라. 만일 네가 은혜를 구할 때마다 바로 얻는다면, 너는 그 삶을 결코 감당해내지 못할 것이다. 인간은 매우 연약한 존재이기 때문이다. 그러므로 겸손히 인내하며 나의 은총을 기다리라. 온 맘 다해 너 자신을 나에게 바치라. 널 위한 목적을 내려놓고 나의 명령에 온전히 순종하면 나와 연합하게 될 것이다. 순종만큼 너 자신을 기쁘고 행복하게, 그리고 만족스럽게 하는 것이 없다는 것을 경험하게 될 것이다.

여호와는 그의 얼굴을 네게 비추사 은혜 베푸시기를 원하며 민 6:25

내 사랑하는 자야 나는 모두에게 똑같이 적용되는 가르침을 주기도 하지만, 오직 한 사람에게만 적용되는 가르침을 주기도 한다. 나는 간접적으로 알려 주기도 하지만, 확실한 표적으로 깨닫게 하기도 한다. 이는 하나의 교훈을 담은 책이라 할지라도 읽는 독자마다 다른 감동을 받는 것과 비슷하다. 나는 너희의 모든 생각을 알기에 내 마음에 합한 자를 택하여 선한 일을 행하도록 가르치고 인도할 것이다. 나는 진리를 가르치는 선생이요, 마음을 살피는 자이다. 나의 가르침은 세상과 같지 않다. 어떠한 소음도, 이견도, 충돌도 없으며 야망이나 논쟁으로 인한 혼란도 없다.

여호와여 주의 율례들의 도를 내게 가르치소서 내가 끝까지 지키리이다 시 119:33

내 사랑하는 자야

이 세상 어떤 것에도 종속되지 말라. 그것들의 노예가 되지 말라. 오직 네 모든 것을 내게 종속시키라. 진짜 그리스도인으로서, 나의 자녀로서 무엇에도 매이지 말고 자유하라. 나의 거룩한 자녀는 세상을 딛고 일어서서 영원한 것에 대하여 깊이 묵상한다. 왼쪽 눈으로는 세상 것을 보되 오른쪽 눈으로는 하늘의 거룩한 것에 주목한다. 영원하지 않은 피조물에 마음을 빼앗기지 않는다. 창조주의 질서를 따르므로 피조물들 가운데 어떠한 무질서도 남기지 않는다. 그런데 하루 종일 네 눈이 가 있는 그곳은 어디냐? 내가 손에 꼭 쥐고 있는 그것은 무엇이냐? 마음을 빼앗긴 그 사람은 누구냐? 그것이 너를 천국으로 인도하는 것인지 판단하여 보라.

너희는 값으로 사신 것이니 사람들의 종이 되지 말라 고전 7:23

내 사랑하는 자야 내게 와서 순종이 무엇인지 배우라. 스스로 비천해져 모든 사람의 발 앞에 엎드리라. 네 의지를 꺾고 권위자들에게 복종하라. 다른 누군가가 아닌 네 자신에게 저항하라. 네 안에 교만을 용납하지 말라. 오직 겸손과 비천함으로 자신을 단장하라. 세상이 너를 길가의 먼지처럼 짓밟고 지나가도록 하라! 먼지처럼 아무것도 아닌 자여, 그렇다고 네가 무슨 불평을 할 수 있겠느냐? 내 마음을 아프게 하는 죄인이자 내 눈에 사랑스럽고 존귀한 자여, 나의 사랑 안에서 온전한 순종과 겸손을 담을 때까지 인내로써 모든 치욕을 견뎌내라.

여호와의 규례를 지키는 세상의 모든 겸손한 자들아 너희는 여호와를 찾으며 공의와 겸손을 구하라 습 2:3

내 사랑하는 자야

너는 "믿음의 선조들 중에 누가 더 거룩하고 하늘에서 큰 자인가"와 같은 주제에 대하여 논하거나 의문을 제기하지 말라. 그로 인하여 너희 안에 얼마나 의미 없는 싸움과 논쟁이 일어나고 있는지, 얼마나 편이 갈리어 있는지 보라. 그 문제는 단지 너희 각자의 기호에 의한 것이지 내게서 비롯된 것이 아니지 않느냐! 나는 무질서의 하나님이 아니요, 오직 화평의 하나님이다. 나로부터 오는 것은 네 소리를 높이지 않고 오히려 겸손히 낮출 때에 누릴 수 있는 것이다. 사랑하는 자야, 헛된 논쟁에 빠져 네 날들을 허비하지 말라. 무익한 말들로 나의 질서를 어지럽히지 말라. 오히려 믿음의 선조들처럼 살아가기 위하여 그들의 삶을 연구하고 그 본을 따르라.

하나님은 무질서의 하나님이 아니시요 오직 화평의 하나님이시니라 고전 14:33

내 사랑하는 자야

완전함으로 나아가는 길에 대하여 알면 알수록 더 막막해지느냐? 도저히 그 길을 가지 못할 것 같으냐? 그러나 포기하지 말고 이를 위하여 더욱 힘써 기도하라. 나에게 순복하라. 네 자신을 사랑하지 말라. '자기 사랑'은 네가 가는 길의 올무가 될 것이나 '자기 부인'은 네 걸음을 굳세게 할 것이다. 내가 너와 항상 함께 하리니 그 길을 향하여 담대히 나아가라. 내 음성에 귀를 기울이며 한 걸음 한 걸음 나아가면 네 일생을 평안과 기쁨 가운데 보낼 수 있게 될 것이다.

네 발이 행할 길을 평탄하게 하며 네 모든 길을 든든히 하라 잠 4:26

내 사랑하는 자야

이기심으로 뒤덮인 세상에서 순수한 사람을 찾기란 결코 쉬운 일이 아니다. 살면서 여러 일을 겪다 보면 어느 순간, 순수한 눈빛을 잃어버리곤 한다. 그 옛날, 수많은 유대인들이 베다니로 몰려온 이유가 순전히 나를 보기 위함이었느냐? 실상 그들은 다시 살아난 나사로를 구경하기 위하여 모였다(요 12:9). 그러면 너는 어떠하냐? 내 얼굴을 바라보고 있느냐, 아니면 능력을 행하는 내 손을 바라보고 있느냐? 오직 나만을 원하느냐, 아니면 내가 주는 선물을 더 원하느냐? 사랑하는 자야, 오직 나에게만 초점을 맞추고 스스로 정결하게 하라. 그리하면 세상이 어떠한 방해를 해도 나를 놓치지 않을 것이다. 순전한 사랑으로 나와 함께 할 것이다.

내가 여호와께 바라는 한 가지 일 그것을 구하리니 곧 내가 내 평생에 여호와의 집에 살면서 여호와의 아름다움을 바라보며 그의 성전에서 사모하는 그것이라 시 27:4

내 사랑하는 자야

이 땅에서의 안식을 목적으로 살아가면 어떻게 하늘의 영원한 안식에까지 닿을 수 있겠느냐? 이제 세상의 무가치한 안식이 아닌, 영원한 안식을 위하여 '인내'를 구하라. 참된 평화는 이 땅이 아닌 오직 하늘에 있고, 어떤 사람이나 피조물이 아닌 오직 나에게 있음을 기억하라. 그리고 내 사랑 안에서 모든 것, 즉 고됨, 슬픔, 유혹, 시련, 염려, 연약함, 궁핍, 중상, 견책, 수치, 낙담, 징계, 경멸까지도 기쁘게 받아들이고 인내하라. 고난은 거룩한 성도라면 모두가 겪는 것이고, 네 영혼에 유익한 것이다. 진정한 안식을 얻기 위하여 끝까지 인내하라! 고난을 견뎌내라. 그리하면 마침내 영원한 안식처에서 생명의 면류관을 얻을 것이다.

너희의 인내로 너희 영혼을 얻으리라 눅 21:19

내 사랑하는 자야

네가 이렇게 열심히 기도하는 것이 오직 내 영광만을 위한 것인지 묻고 싶구나. 너희의 기도가 얼마나 많이 '자기 사랑'과 '자기 영광'으로 물들어져 있는지 아느냐? 이기심으로 가득 찬 기도가 갈취해 가는 강도의 모습과 무엇이 다르냐? 네 기도의 언어 가운데 네 유익을 위한 것과 내 영광을 위한 것을 구분해 보아라. 네 감정을 위한 것과 내 마음을 헤아리는 것을 구분해 보아라. 사랑하는 자야, 먼저 나의 나라와 나의 의를 구하라. 그리하면 네게 필요한 것을 주고 그것에 더하여 채워줄 것이다. 네 기도를 기쁘게 받을 것이다. 네가 의로운 판단을 할 줄 안다면, 이제 네 욕망과 이기심을 내려놓고 오직 나의 영광만을 구하라.

그런즉 너희는 먼저 그의 나라와 그의 의를 구하라 그리하면
이 모든 것을 너희에게 더하시리라 마 6:33

내 사랑하는 자야

아무리 좋은 벗이라 해도 그의 품에서 평안을 구하는 순간, 네 인생은 이내 흔들리고 말 것이다. 그러나 영생을 굳게 믿고 진리 가운데 거하면 그 벗이 너를 떠날지라도, 심지어 죽을지라도 한없이 슬프지 않을 것이다. 사랑하는 자야, 친구를 향한 사랑도 영원한 반석인 나의 위에 세우라. 아무리 선하고 사랑스러운 친구라 할지라도 나를 위하여 사랑하라. 내가 존재하지 않는 우정은 아무 힘이 없고 오래가지 못하기 때문이다. 내게 속하지 않은 사랑은 진실할 수도, 순결할 수도 없기 때문이다. 네 인생에서 세상적인 교제가 사라지기를 소망하라. 나를 네 가장 좋은 친구가 되게 하라. 인간적인 정에 무감각해지기를 기도하라. 인간의 위로로부터 멀어질수록 너는 내게 가까이 이끌릴 것이다.

너희는 내가 명하는 대로 행하면 곧 나의 친구라 요 15:14

내 사랑하는 자야

네 자신에 대하여 슬퍼하라. 죽을 수밖에 없는 인간의 몸을 입고 있는 한, 네 마음은 늘 무겁고 삶은 고될 것이다. 이는 네 육신의 무거운 짐이 경건 훈련과 거룩한 묵상을 하지 못하도록 방해하기 때문이다. 그럴 때는 한없이 낮아져 비천한 일을 하라. 그리하면 마음의 짐이 가벼워지고 정결케 될 것이다. 언제나 인내로써 견디고 영혼의 목마름을 참아내라. 그리하면 네 고통을 잊게 해 주고 평안을 줄 것이다. 마음 문을 활짝 열고 내 계명의 길로 나아오라. 그리하면 너는 이렇게 고백하게 될 것이다. "현재의 고난은 장차 우리에게 나타날 영광과 비교할 수 없도다"(롬 8:18).

그러므로 형제들아 우리가 빚진 자로되 육신에게 져서 육신대로 살 것이 아니니라 롬 8:12

내 사랑하는 자야

이제 그만 슬픔을 거두고 일어나 나를 바라보라. 네가 상처 입은 말은 단지 '말'에 불과할 뿐이다. 말은 공중을 가르며 어디든지 다니지만, 사실 그 무엇에도 상처를 남기지 못한다. 그러니 악한 말을 붙들고 스스로 네 영혼을 찌르지 말라. 만일 네가 행동을 잘못해서 들은 말이라면, 이제 그만 그 말을 묵상하고 네 잘못을 인정하라. 용서를 구하라. 앞으로 네 행동을 어떻게 고쳐나갈 것인지 생각하라. 그런데 만약 네가 억울하게 비난을 받게 된다면 어떻게 하겠느냐? 그 누군가처럼 함부로 말하지 말고, 오직 나를 위하여 참으라.

칼로 찌름 같이 함부로 말하는 자가 있거니와 지혜로운 자의 혀는 양약과 같으니라 잠 12:18

내 사랑하는 자야

만일 네가 이 땅에서 멸시받은 믿음의 선조들이 지금 천국에서 영원한 면류관을 쓰고 영광 가운데 있는 것을 보게 된다면, 그 즉시 내 발아래 엎드려 복종할 것이다. 이 땅에서의 삶을 누리려 하기보다 나를 위하여 이 땅에서 고난 받기를 더 원할 것이다. 세상에서 무가치한 존재로 분류되는 것이 더 이상 슬프지 않을 것이다. 그러나 너는 영원한 삶을 바라보며 살아간다고 고백하면서 조금이라도 일이 틀어지면 불평을 하는구나. 진정 네 인생에서 가장 중요한 문제가 '내가 천국에 갈 수 있는가'가 맞느냐? 하늘을 향하여 고개를 들고 내 곁에 서 있는 믿음의 선조들을 바라보라. 그들은 모두 이 땅에서 큰 환난을 겪었으나 지금은 하늘에서 완전한 안식을 누리고 있다. 그들은 내 아버지의 왕국에서 영원히 나와 함께 살 것이다. 오늘 네 삶은 어떠하냐? 천국을 향하여 있느냐, 이 땅에서 잘 살기 위하여 아등바등 하고 있느냐?

생각하건대 현재의 고난은 장차 우리에게 나타날 영광과 비교할 수 없도다 롬 8:18

내 사랑하는 자야 나는 이 땅에서 네가 받은 모든 비난과 고난에 대한 보상으로 너를 영화롭게 할 것이다. 네가 슬퍼한 것에 대한 보상으로 찬송의 옷을 줄 것이다(사 61:3). 네가 비천한 자리에 있던 것에 대한 보상으로 영원한 권능의 자리를 줄 것이다. 네가 겸손히 순종한 것에 대한 보상으로 영광의 면류관을 줄 것이다. 그러므로 오늘도 모든 사람들 앞에서 겸비히 행하라. 그들의 요구가 너를 힘들게 한다고 불평하지 말고, 윗사람이든 아랫사람이든 그들의 요구를 기꺼이 받아들이되 공의롭게 행하라. 세상 사람들처럼 이것에서도, 저것에서도 기쁨을 구하지 말고, 오직 나의 선한 뜻과 영광을 따르는 일에서 기쁨을 찾으라.

…너희 행위에는 상급이 있음이라 하니라 대하 15:7

내 사랑하는 자야

어찌 내일 일을 위하여 염려하느냐? 이는 근심 위
에 근심을 더할 뿐이며 한 날의 괴로움은 그 날로
족하니라(마 6:34). 아직 일어나지도 않은 일로 인하
여 미리 슬퍼하지도, 기뻐하지도 말라. 이는 참으
로 어리석은 일이다. 원수가 너를 현재에 대한 애
착과 미래에 대한 두려움으로 무섭게 공격해 올지
라도, 오직 너는 마음에 근심하지도, 두려워하지도
말라. 내 사랑에 기대어 오직 나만 의지하라. 그리
고 내가 네게 고초를 겪게 할지라도, 네가 바라는
위로를 거두어들인다 할지라도 내게서 버림받았
다고 여기지 말라. 그 고난이 결국 너를 천국으로
인도할 것이다.

그러므로 내일 일을 위하여 염려하지 말라… 마 6:34

내 사랑하는 자야

죽음이 임박한 사람에게는 세상의 어떤 것도 절박하게 다가오지 않는다. 그러나 너희 나약한 인간은 이 말의 의미를 아직 모르는구나. 세상을 향한 집착을 내려놓을 줄도 모르고, 영에 속한 자가 얼마나 자유로운지도 모르는구나. 진실로 영에 속한 사람이 되길 원하느냐? 그리하면 먼저 모든 인간적 관계를 내려놓고 네 자신을 주의하여 자세히 보라. 그 이유는 네가 네 자신을 다스릴 수 있을 때에야 비로소 세상도 다스릴 수 있기 때문이다. 완전한 승리란, 너는 죽고 나로 인하여 사는 것이다! 그리하면 모든 일에 있어서 네 모든 본성과 이성을 내게 복종시킬 수 있을 것이다. 그러니 너는 먼저 네 자신의 정복자가 되어라.

친히 나무에 달려 그 몸으로 우리 죄를 담당하셨으니 이는 우리로 죄에 대하여 죽고 의에 대하여 살게 하심이라 벧전 2:24

내 사랑하는 자야

본성은 자신의 유익과 즐거움을 위하여 행동하고 대가 없이는 아무것도 하지 않는다. 남들과 동등한 대우를 받거나 더 좋은 평가를 받아야 한다. 칭송받기를 원하고 모든 사람이 자신을 좋아해야 한다. 반면, 은총은 그리스도 외에는 어떠한 보상도 바라지 않는다. 영원한 것에 집중하므로 자신의 필요를 세상에서 구하지 않는다. 본성은 높은 신분과 고귀한 태생을 영광스럽게 여기며 권력에 아첨하고 부자에게 빌붙으며 자신처럼 살아가는 자들에게 박수를 보낸다. 반면, 은총은 원수를 사랑하고 인간관계를 자랑하지 않으며 신분이나 태생을 중요하게 여기지 않는다. 오히려 부자보다 가난한 자를 아끼고 힘 있는 자보다 여리지만 순수한 사람을 더 위대하게 여긴다. 진실한 사람을 좋아하고 항상 선한 일을 권장하며 덕을 행함으로써 그리스도를 본받길 원한다. 그러하다면 지금 너는 은총을 입은 자로 살아가고 있는 것이 맞느냐?

이 같은 자들은 우리 주 그리스도를 섬기지 아니하고 다만 자기들의 배만 섬기나니… 롬 16:18

8

내가 나를 사랑하는 게
무엇이 문제냐고 흘겨보지 마십시오
당신 삶의 문제는 거기서부터 시작되었습니다
자기사랑은 올무가 되고 자기부인은 생명길로 이어집니다

뜻을 정하여 나아가는 8월의 고백

회개

감사

간구

순종

내 사랑하는 주님

주님은 가장 선한 것이 무엇인지 아시오니 주의 기쁘신 뜻을 따라 그것을 제게 이루어 주소서. 주님이 원하시는 때에, 주님이 원하시는 곳에서, 주님이 원하시는 만큼, 주님이 원하시는 것을 제게 허락하여 주소서. 오직 주님의 뜻대로 저를 사용하여 주소서. 이 세대 가운데 제가 주님이 기뻐하시는 일, 주께 영광 돌리는 일을 행할 수 있도록 인도하여 주소서. 저는 주님의 손안에 있사오니 주의 뜻대로 인도하여 주소서. 저는 주의 종이오니 말씀하여 주소서. 제가 행하겠나이다! 주님, 이제 더 이상 제가 바라는 삶이 아닌, 주께서 기뻐하시는 삶을 살아가게 하여 주소서.

…그러나 내 원대로 마시옵고 아버지의 원대로 되기를 원하나이다 하시니 눅 22:42

내 사랑하는 주님

선지자들은 예언을 하나 주님은 그 뜻을 성취하십니다. 그들은 주의 신비를 보여 주나 주님은 그것을 온전히 풀어주십니다. 그들은 율법을 공포하나 주님은 그것을 지킬 수 있도록 도와주십니다. 그들은 길을 제시하나 주님은 그 길에서 함께 하시며 힘을 주십니다. 그들이 행하는 일은 눈에 보이는 외적인 차원에 그치나 주님은 마음에 깨달음을 주시고 가르쳐 주십니다. 그들은 물을 주나 주님은 자라게 하십니다. 그들은 말씀을 외치나 주님은 그 말씀을 이해시켜 주십니다. 사랑하는 주님, 주의 종으로 하여금 제게 말씀하지 마시고 영원한 진리이신 주께서 직접 말씀하여 주소서. 주님보다 주의 종을 더 의지하지 않게 하소서.

그런즉 심는 이나 물 주는 이는 아무것도 아니로되 오직 자라게 하시는 이는 하나님뿐이니라 고전 3:7

내 사랑하는 주님

감히 주께 나아가 고백하오니 저를 기억하여 주소서. 저는 버러지와 같이 비천한 자입니다. 아니, 그보다 더 천하고 경멸스러운 존재입니다 저는 아무것도 아니고 아무것도 없으며 아무것도 할 수 없습니다. 그러나 우리 주님은 홀로 선하시고 의로우시며 거룩하신 분입니다. 모든 것에 능하시고 모든 것을 초월하시며 충만케 하시는 분입니다. 행하시는 모든 일을 헛되게 하지 않으시는 분입니다. 사랑하는 주님, 제게는 이 참혹한 세상을 살아갈 힘이 없습니다. 부디 주의 한없는 자비를 따라 은총을 베풀어 주소서.

버러지 같은 너 야곱아, 너희 이스라엘 사람들아 두려워하지 말라 나 여호와가 말하노니 내가 너를 도울 것이라 네 구속자는 이스라엘의 거룩한 이이니라 사 41:14

내 사랑하는 주님

제가 늘 이렇게 고백하며 살기를 원합니다. "주는 나의 영광이시요 소망이십니다. 환난 날에 피할 피난처 되십니다." 그러나 여전히 저는 주를 향한 사랑도, 선한 행실도 다 불완전한 자입니다. 사랑하는 주님, 이 연약한 저를 굳게 세워 주소서. 위로하사 힘을 주소서. 주님 곁으로 가까이 이끄사 주의 거룩한 규례를 가르쳐 주소서. 악한 열정과 모든 무질서한 감정으로부터 해방시켜 주소서. 정결하게 하소서. 그리하시면 저는 사랑으로 준비된 자, 고난으로 강해진 자, 인내로 견고하게 된 자가 될 것입니다.

주 여호와여 주는 나의 소망이시요 내가 어릴 때부터 신뢰한 이시라 시 71:5

내 사랑하는 주님

왕되신 주님께서 스스로 낮아져 이 땅에 오셨습니다. 하늘과 땅의 모든 만물을 창조하신 주님께서 죄인들을 위하여 자기 생명까지 내어주셨습니다. 사랑하는 주님, 제가 그 큰 은혜를 무엇으로 갚을 수 있을까요? 제 모든 삶을 통하여 주님을 섬기리라 고백합니다! 이제는 단 하루를 살아도 주를 위하여 살겠습니다. 가장 가치 있는 일을 하겠습니다. 주님을 온 힘 다하여 섬기겠습니다. 온 마음 다하여 주님을 찬양하겠습니다. 제 평생 그렇게 주님만을 높이며 살기를 소원합니다. 오직 주님만이 모든 영광과 찬송을 받기에 합당한 분이시며 모든 인생의 참 주인이십니다.

큰 음성으로 이르되 죽임을 당하신 어린양은 능력과 부와 지혜와 힘과 존귀와 영광과 찬송을 받으시기에 합당하도다 하더라 계 5:12

내 사랑하는 주님

사실 제게는 이 땅에서 위로받기 위하여 바라고 생각한 것들이 많이 있었습니다. 그러나 이제부터는 그 모든 것을 주님의 나라에서 구하리라 결단합니다. 세상의 어떤 위로와 즐거움도 영원하지 않음을 비로소 깨달았기 때문입니다. 참으로 인간의 위로는 헛되며 아무것도 아닙니다! 이 시간, 참 위로자 되시는 주께 나아가 간구합니다. "주님, 저와 항상 함께 하여 주소서. 모든 인간적인 위로를 거절할 수 있도록 저를 품어 주소서. 위로하여 주소서. 혹 주님 외에 다른 것으로 위로받으려 한다면 바로 벌을 내려주소서. 영영히 노를 품지 않으시고 자주 경책하지 않으시는 주님께 제 자신을 내어드립니다."

자주 경책하지 아니하시며 노를 영원히 품지 아니하시리로다
시 103:9

내 사랑하는 주님

저는 작은 일에도 소심해지고 슬픔에 빠지곤 합니다. "용기를 내야지" 하고 스스로 다짐해 보지만 작은 유혹에도 쉽게 번민에 사로잡히고 맙니다. 때론 아주 사소한 일에도 마음이 흔들리고 유혹에 빠집니다. 스스로 안전하다고 생각하는 일도, 그래서 '나쁜 일이 일어나지 않을 거야'라고 생각하는 일도, 갑자기 불어온 바람에 휩쓸려 정복당하고 맙니다. 주님, 저를 불쌍히 여기소서. 주께서 도와주지 않으시면 저는 살아갈 수 없습니다. 낙심할 수밖에 없습니다. 제 비천함과 연약함을 잘 아시는 주님, 제게 자비를 베푸사 이 깊은 수렁에서 건져 주소서. 모든 유혹에 맞서 싸우길 원하나 그 맹렬한 유혹을 떨쳐내기가 어렵고, 이러한 매일의 투쟁이 저를 지치게 만듭니다. 주님, 이 지긋지긋한 일들이 저를 향하여 돌진해 올 때, 왜 저는 달아나지 못하고 사로잡히고 마는 것일까요? 주여, 부디 저를 불쌍히 여겨 주소서.

맹인이 외쳐 이르되 다윗의 자손 예수여 나를 불쌍히 여기소서 하거늘 눅 18:38

내 사랑하는 주님

얼마나 더 지체하시렵니까? 이 비천한 자를 기억하여 주소서. 다시금 하늘의 기쁨을 회복시켜 주시고, 주의 손으로 이 고통을 멈춰 주소서. 주님이 함께 하지 않으시면 저는 한 순간도 기뻐할 수 없습니다. 풍성한 식탁에 앉아 있을지라도 그곳은 텅 빈 공간일 뿐입니다. 아무리 많은 사람들과 함께 있을지라도 주의 빈자리를 채울 수 없습니다. 주님, 이 비천한 자의 부르짖음을 들으사 속히 응답하여 주소서. 저는 주님의 임재의 빛이 가득할 때까지 무거운 족쇄를 차고 감옥에 있는 자처럼 비참할 것입니다.

내 사랑하는 주님

주님은 가장 위대하시고 가장 강하십니다. 가장 아름다우시고 가장 사랑스러우십니다. 가장 존귀하시고 가장 위대하십니다. 주님의 이름은 모든 이름 위에 가장 뛰어납니다. 주께서 행하신 모든 일이 완전합니다. 저는 주님이 제게 들려주시고 보여 주시는 모든 것을 통하여 주님을 더욱 알기를 소망합니다. 그것이 아니라면 저는 만족할 수 없습니다. 모든 피조물뿐 아니라 모든 은사를 초월하여 주님만을 의지하기를 원합니다. 그것이 아니라면 저는 안식할 수 없습니다. 진정한 만족과 안식은 오직 주님 안에 있기 때문입니다.

이러므로 하나님이 그를 지극히 높여 모든 이름 위에 뛰어난 이름을 주사 빌 2:9

내 사랑하는 주님

온전한 사람은 하늘의 것을 구하며 늘 깨어 있습니다. 무언가를 성취하기 위하여 전전긍긍하지 않으며 그것을 성취하지 못할지라도 염려하지 않고 주님께 모든 것을 맡깁니다. 그는 게으르지 않으며 어떠한 피조물도 무질서하게 사랑하지 않습니다. 물질에 대한 애착을 멀리하며 진정한 자유를 누릴 줄 압니다. 사랑하는 주님, 저도 이와 같이 온전해지길 원합니다. 제 삶이 염려로 덮이지 않도록 지켜 주시고 돌보아 주소서. 육체의 소욕으로부터 보호해 주시고 쾌락의 올무에 걸리지 않도록 도와주소서. 모든 어둠으로부터 마음을 지켜 주시고 근심에 짓눌리지 않도록 도와주소서. 제 영혼을 억압하는 모든 근심과 시험으로부터 벗어나게 하소서.

너희 염려를 다 주께 맡기라 이는 그가 너희를 돌보심이라 벧전 5:7

내 사랑하는 주님

저는 주의 종이오니 주의 증거들을 보이사 주의 말씀이 제 마음에 이슬처럼 맺히게 하여 주소서. 이스라엘 백성들은 모세에게 "당신이 우리에게 말씀하소서. 우리가 들으리이다. 하나님이 우리에게 말씀하시지 말게 하소서. 우리가 죽을까 하나이다"라고 말했으나(출 20:19) 저는 주님께 나아가는 것을 두려워하는 그들과 같지 않습니다. 저는 사무엘 선지자처럼 전심으로, 그리고 주 앞에 겸손히 나아가 간구할 것입니다. "여호와여, 말씀하옵소서. 주의 종이 듣겠나이다!"

내 마음을 주의 증거들에게 향하게 하시고… 시 119:36

내 사랑하는 주님

제게 칭찬받을 만한 것들이 많이 없어서 감사합니다. 소유하고 있는 세상 것들이 많이 없어서 감사합니다. 세상의 미련하고 약한 존재로 살게 해 주셔서 감사합니다. 저는 이것이 참된 복임을 고백합니다. 명예가 있고 부유한 사람보다 자신의 결핍과 비천함을 인정하는 사람은 슬픔이나 우울감에 빠지지 않고 주로 인하여 즐거워할 것입니다. 이는 주께서 가난하고 겸손한 자들과 세상에서 멸시당하는 자들을 주의 벗으로, 주의 종으로 삼으시기 때문입니다. 주님은 그들을 온 세상의 군왕으로 삼으셨습니다 (시 45:16). 이 땅에 살 때에 그들은 불평하지 않고 겸손하였으며 검소하였습니다. 악에 빠지거나 거짓에 쉽게 속지 않았고 주를 위하여 기꺼이 비난을 받았습니다. 사람들의 멸시까지도 주의 사랑으로 받아들였습니다. 그러므로 앞으로 저는 더 가난해져야 하고 더 겸손해져야 하며 더 비천해져야 합니다.

그러나 하나님께서 세상의 미련한 것들을 택하사 지혜 있는 자들을 부끄럽게 하려 하시고 세상의 약한 것들을 택하사 강한 것들을 부끄럽게 하려 하시며 고전 1:27

내 사랑하는 주님

제게 하늘 아버지의 사랑보다 더 좋은 것은 없습니다. 더 강한 것도, 더 높은 것도, 더 넓은 것도 없습니다. 더 기쁜 것도, 더 충만한 것도, 더 위대한 것도 없습니다. 주님을 사랑하는 사람은 무엇에도 얽매이지 않고 자유하며 항상 기쁨이 넘칩니다. 그는 모든 것을 가진 자이며 모든 것을 줄 수 있는 자입니다. 그는 주님의 손에 들린 선물이 아닌 모든 선물을 주시는 주님을 바라보는 자입니다. 모든 것 위에 계시고 모든 선한 것을 주시는 주권자 안에 거하기 때문입니다. 주님, 제 삶에도 주님을 사랑하는 이러한 증거들이 있기를 소원합니다. 주님을 더욱 사랑하기를 갈망합니다.

나를 사랑하는 자들이 나의 사랑을 입으며 잠 8:17

내 사랑하는 주님 지금 당하고 있는 이 고난을 끝까지 견디어 나갈 수 있도록 저를 붙들어 주시기를 주께 간구합니다. 제가 지쳐 쓰러지기 전에 이 폭풍우를 물리쳐 주시고 따뜻한 햇살을 비춰 주시기를 간절히 구합니다. 주님, 저를 불쌍히 여겨 주소서. 주님은 언제라도 이 고난을 제게서 옮기실 수 있고, 언제라도 제 짐을 가볍게 하실 수 있는 전능하신 분입니다. 주께서 그렇게 행하신 일들이 얼마나 많은지요. 자비하신 주님, 이 모든 고난 가운데 주의 권능의 손을 바라며 주 앞에 겸손히 엎드려 구하오니 제게 주의 권능을 베풀어 주소서.

여호와의 오른손이 높이 들렸으며 여호와의 오른손이 권능을 베푸시는도다 시 118:16

내 사랑하는 주님

많은 사람들이 주의 진리를 깊이 묵상하고 싶어하나 정작 이를 위해서는 아무것도 하지 않습니다. 현실에 민감한 그들은 사실 세상으로부터 멀어져야 하는 고된 경건훈련에 아무 관심이 없습니다. 주님의 오래 참으심을 멸시합니다. 주님, 스스로 의롭게 여기는 그들이 언제쯤이면 세상의 일시적이고 무익한 것들로부터 멀어져 내면에 관심을 갖게 될까요? 그렇다면 저는 어떠한가요? 저 역시 순종하지 못하고 주저하다가 마음의 평안을 놓치고 맙니다. 제 행위에 대하여 엄격하게 판단하지 못하고, 애착하는 세상 것들을 외면하지 못합니다. 악한 행동을 하고서도 탄식하지 않습니다. 우리 모두는 타락한 행위로 말미암아 노아 시대 때에 큰 홍수가 일어났음을 기억해야 합니다. 그때 단 몇 명만이 구원받았음을 기억해야 합니다.

그들은 전에 노아의 날 방주를 준비할 동안 하나님이 오래 참고 기다리실 때에 복종하지 아니하던 자들이라 방주에서 물로 말미암아 구원을 얻은 자가 몇 명뿐이니 겨우 여덟 명이라 벧전 3:20

내 사랑하는 주님

주님은 나의 것, 나는 주님의 것입니다. 주님, 제게 주를 향한 사랑을 날마다 더하여 주소서. 제가 그 사랑 안에 온전히 녹아내려지길 원합니다. 제 안에 사랑의 열정이 불타오르길 원합니다. 제 입술에서 사랑의 노래가 끊이지 않길 원합니다. 제가 가장 고결한 사랑으로 주님을 따르기를 갈망합니다. 이 생명 다할 때까지 주의 사랑을 전하길 원합니다. 주님 외에 다른 어떤 것도 사랑하지 않길 원합니다. 주의 사랑의 규례를 따라 주를 따르는 모든 자를 사랑으로 섬기기를 원합니다.

내 사랑하는 자는 내게 속하였고 나는 그에게 속하였도다… 아 2:16

내 사랑하는 주님

여전히 제 안에 '옛 사람'이 강하게 살아 있어 십자가에 못 박히기를 거절하고 있습니다. 세상이 주는 안락함에 빠져 거기서 떠나고 싶어 하지 않습니다. 주님, 제가 오직 주의 임재 안에서 만족함을 누리게 하소서. 오직 주님으로 인하여 기뻐하게 하소서. 십자가에 못 박혀 죄의 몸이 죽게 하소서. 흉용한 바다를 다스리시는 주님, 파도를 잠잠케 하시는 주님, 저를 치러 오는 악한 대적들과 세상의 모든 유혹을 흩어 주시고 주의 의로우신 판단으로 그들을 심판하여 주소서. 주의 일을 나타내사 주의 능력의 오른손을 찬송하게 하소서. 이제 다시는 죄에게 종노릇하지 않게 하소서.

우리가 알거니와 우리의 옛 사람이 예수와 함께 십자가에 못 박힌 것은 죄의 몸이 죽어 다시는 우리가 죄에게 종노릇하지 아니하려 함이니 롬 6:6

내 사랑하는 주님

사람이 무엇이기에 주께서 생각하시며 인자가 무엇이기에 주께서 돌보시나이까? 저는 주의 은총을 누릴 자격이 하나도 없는 자입니다. 주께서 저를 떠나가시더라도, 제 기도에 응답해 주지 않으시더라도 아무 불평할 수 없는 자입니다. 주님, 저는 진정 아무것도 아닙니다. 어떠한 선한 행위도 스스로 할 수 없으며 무가치한 쪽으로 쉽게 기울어지는 자입니다. 저는 주님의 도움 없이는, 주님의 가르침 없이는 마침내 파멸할 자입니다. 그럼에도 이 죄인을 돌봐주시는 주님, 제 평생 주께 감사하며 주의 인자하심과 선하심을 노래하리라 다짐합니다.

여호와께 감사하라 그는 선하시며 그 인자하심이 영원함이로다 시 107:1

내 사랑하는 주님

누군가가 "너한테만 말해 주는 거니까 다른 사람들한테는 절대 말하면 안 돼"라고 할 때마다 저는 침묵으로 그 비밀을 신실하게 지켰습니다. 그러나 침묵을 요구했던 그가 오히려 자신의 비밀을 발설함으로써 저뿐 아니라 자기 자신을 배반하고 떠나 버렸습니다. 주님, 저는 이렇게 여러 번 큰 희생을 치른 후에야 사람의 말을 쉽게 믿어서는 안 된다는 것을 배웠습니다. 그리고 다시는 이런 어리석은 행동을 하지 않기 위하여 더욱 신중하게 행동하려고 합니다. 사랑하는 주님, 저를 악한 사람들의 말로부터 지켜 주소서. 제가 교활한 혀를 멀리하고, 제 입술이 오직 진실하고 신실하도록 붙들어 주소서.

…교활한 말과 아첨하는 말로 순진한 자들의 마음을 미혹하느니라 롬 16:18

내 사랑하는 주님

하늘에 마련된 처소는 얼마나 큰 축복을 누리는 곳일까요! 영원히 빛나는 그곳은 지극히 거룩한 진리로 빛나므로 다시는 어둠이 내리지 않고 안전할 것입니다. 땅에서 겪는 모든 험한 일이 사라지고 없을 것입니다. 그러나 여전히 이 땅에서 나그네에 불과한 저는 마치 검은 유리를 통해 보듯(고전 13:12) 그곳이 아득히 멀게만 느껴집니다. 그곳으로 빨리 달려가고 싶으나 어느새 세상일과 솟구치는 정욕에 주저앉아 버리곤 합니다. 마음은 하늘의 것을 원하나 육신은 세상의 지배를 받길 원합니다. 영은 하늘을 향하여 들려지길 원하나 육신은 저를 땅으로 끌어내립니다. 주님, 이 무거운 짐을 지고 살아가는 저를 불쌍히 여겨 주소서. 제 자신과 맞서 싸워야 하는 마음의 고통을 알아주소서.

이 사람들은 다 믿음을 따라 죽었으며 약속을 받지 못하였으되 그것들을 멀리서 보고 환영하며 또 땅에서는 외국인과 나그네임을 증언하였으니 히 11:13

내 사랑하는 주님

어릴 때부터 가난했던 저는 고된 노동에 시달려야 했고 남몰래 눈물을 훔쳐야 했으며 불안감에 떨어야 했습니다. 그러나 이제는 주의 평안으로부터 오는 기쁨과 위로를 누리고 싶습니다. 저는 주님의 빛으로만 자랄 수 있는 주의 자녀이기 때문입니다. 주님, 제게 평안을 내려주소서. 그 거룩한 기쁨을 불어넣어 주소서. 그리하시면 제 영혼이 주님을 찬양하는 거룩한 노래와 헌신으로 충만해질 것입니다. 그러나 주께서 떠나가시면 저는 그 자리에 주저앉아 가슴을 치며 한탄할 것입니다. 그날은 주의 빛이 임했던 날과 다르기 때문입니다. 주의 날개 아래서 온갖 유혹들로부터 보호받던 날과 다르기 때문입니다. 주님, 부디 저를 버리지 마시고 떠나지 마소서.

나의 구원의 하나님이시여 나를 버리지 마시고 떠나지 마소서
시 27:9

내 사랑하는 주님

주님은 제가 얼마나 영적으로 성장해야 하는지 다 아십니다. 제가 고난을 통하여 얼마나 정결해져야 하는지 다 아십니다. 사람들은 제 은밀한 죄를 알지 못하나 주님은 다 아십니다. 제 모든 것을 아시는 주님, 오직 주의 선하신 뜻을 따라 제게 행하여 주소서. 제게 은혜를 베푸사 깨달아야 할 것들을 깨닫게 하시고, 사랑해야 할 것들을 사랑하게 하소서. 주께서 기뻐하시는 일들을 기뻐하게 하소서. 주님이 귀히 여기시는 것들을 소중히 여기게 하소서. 주님이 부정하게 보시는 것들을 미워하게 하소서. 사랑하는 주님, 주께서 제 모든 것을 아시듯 마침내 저도 주님의 마음을 헤아릴 수 있는 자가 되기를 소원합니다.

…주만 홀로 사람의 마음을 다 아심이니이다 왕상 8:39

내 사랑하는 주님

진정한 회개와 겸손은 '용서에 대한 소망'으로부
터 나옵니다. 지금 이 시간 주 앞에 엎드려 간구하
오니 제 흉악한 죄를 용서하여 주소서. 그리하시면
고통으로 묶여 있던 마음이 풀리고 은혜가 다시 회
복될 것입니다. 죄로 인하여 받을 진노가 유월되고
주님과 거룩한 입맞춤을 나누게 될 것입니다. 우리
주님은 마음이 상한 자를 가까이 하시고 중심에 통
회하는 자를 구원하여 주시는 분입니다. 주의 발
앞에 엎드려 눈물로 회개하는 자를 멸시치 않으시
고 그 품에 받아주시는 분입니다. 사랑하는 주님,
제가 그 사랑을 의지하여 주 앞에 겸손히 나아갈
수 있도록 인도하여 주소서.

하나님께서 구하시는 제사는 상한 심령이라 하나님이여 상하
고 통회하는 마음을 주께서 멸시하지 아니하시리이다 시 51:17

내 사랑하는 주님

지금 저는 흉악한 죄에 붙들려 이겨내지 못하고 있습니다. 주께서 거룩한 은총을 부어 주지 않으시면 이 수렁에서 헤어 나오지 못하고 멸망할 것입니다. 부디 주의 은총으로 이 악한 본성을 이기고 멸망에 빠지지 않도록 도와주소서. 나면서부터 악을 행하기에 빠른 본성을 이기기 위하여 주의 한없는 은총을 구하며 엎드립니다. 주님, 첫 사람 아담을 통하여 죄가 들어와 우리 모두는 타락한 존재가 되고 말았습니다. 주께서 창조하신 선하고 진실한 본성이 타락하여 악의 상징이 되고 말았습니다. 우리 스스로가 선에서 떠나 악으로 향하였기 때문입니다. 그러나 아담 안에서 모든 사람이 죽은 것 같이 그리스도 안에서 우리 모두가 생명을 얻었습니다. 주께서 죽은 자 가운데서 다시 살아나셨기 때문입니다! 주님, 지금은 죄로 인하여 괴로워하나 주의 보혈 의지하여 주 앞으로 나아가오니 정결케 하여 주소서.

아담 안에서 모든 사람이 죽은 것 같이 그리스도 안에서 모든 사람이 삶을 얻으리라 고전 15:22

내 사랑하는 주님

주께서 저를 도와주지 않으시면, 아무리 많은 사람들이 도와줄지라도 아무 소용없습니다. 주께서 인도해 주지 않으시면, 아무리 능력 있는 조력자가 제 곁에 있을지라도 아무 소용없습니다. 주님이 아니시면, 아무리 유명한 사람일지라도 저를 안위해 주지 못하고, 아무리 값비싼 물건일지라도 제 죄를 대신 속죄해 주지 못합니다. 주님이 아니시면, 아무리 은밀하고 아름다운 곳일지라도 안전한 피난처가 되지 못합니다. 아무리 평화롭고 행복해 보이는 것일지라도 무의미하고 어떠한 행복도 가져다 주지 못합니다. 참으로 주님만이 제 모든 것입니다. 저는 주님이 아니면 아무것도 아닙니다.

나의 도움은 천지를 지으신 여호와에게서로다 시 121:2

　　　　　　　내 사랑하는 주님

주 앞에 나아와 간구하오니 제게 은총을 내려 주소서. 저를 주의 거룩한 처소로 삼아 주소서. 제 안에 있는 그 무엇도 주의 권위에 대항하지 않도록 붙들어 주소서. 주의 선하심과 인자하심으로 보살펴 주소서. 사망의 골짜기에서 드리는 이 가난한 종의 기도를 들으사 부패하기 쉬운 인생 가운데 제 영혼을 보호하여 주시고 보존하여 주소서. 주의 은총 가운데 평안의 길로 인도하여 주시고 영원한 빛의 나라로 들어가게 하소서. 오늘도 제가 할 수 있는 최선은 주 앞에 부르짖는 것뿐이오니 이 종의 간구에 귀를 기울여 주소서.

그러나 나의 하나님 여호와여 주의 종의 기도와 간구를 돌아보시며 주의 종이 주 앞에서 부르짖는 것과 비는 기도를 들으시옵소서 대하 6:19

내 사랑하는 주님

주께서 기뻐하시는 일을 제게 허락하여 주소서. 제 뜻이 주님의 뜻과 하나 되게 하소서. 제 모든 주장을 내려놓고 주님의 뜻만 따르게 하소서. 주님이 미워하시는 일은 그것이 무엇이든 흉내내지도 않게 하소서. 사랑하는 주님, 세상의 모든 것에 대하여 죽기를 소원합니다. '성공'과 '자기 사랑'을 외치는 삶을 경멸하기를 원합니다. 그래서 마침내 주 품에 안식하며 평안을 누리길 원합니다. 주님은 결코 흔들리지 않으시므로 저는 주의 평안 안에서, 지극히 높으시고 선하신 그 품 안에서 안식할 것입니다.

내 안에 거하라 나도 너희 안에 거하리라… 요 15:4

내 사랑하는 주님

저는 그 어떠한 경배와 감사, 끝없는 찬양으로도 죄인을 위하여 십자가에서 자신을 내어주신 그 놀라운 일을 표현할 수 없습니다. 어떻게 인간의 언어로 그 사랑을 다 표현할 수 있겠습니까? 제가 어떠한 경배를 드리더라도 주께서 베푸신 은혜에 미치지 못할 것입니다. 이처럼 부족한 저이지만 힘을 다하여 주님을 찬양하고 그 영원하심을 송축하길 원합니다! 사랑의 주님을 기쁘게 맞이하길 원합니다. 병든 자가 의사에게 나아가듯, 종이 주인에게 나아가듯, 목마른 자가 샘으로 나아가듯, 궁핍한 자가 하늘의 왕께 나아가듯, 피조물이 창조주에게 나아가듯, 절망한 영혼이 위로자에게 나아가듯 제가 주의 선하심과 인자하심을 의지하여 나아가오니 주여, 홀로 높임을 받으소서.

높음이나 깊음이나 다른 어떤 피조물이라도 우리를 우리 주 그리스도 예수 안에 있는 하나님의 사랑에서 끊을 수 없으리라 롬 8:39

내 사랑하는 주님

주의 종들의 모든 거룩한 소망을 주께 올려드립니다. 사랑하는 부모와 형제자매, 친구, 제게 자비를 베풀어 준 자들과 기도를 부탁한 자들의 모든 소망을 주께 아룁니다. 주님, 그들을 모든 위험으로부터 안전하게 지켜 주시고, 모든 악으로부터 보호하여 주소서. 의도적이든 그렇지 않든 제게 상처를 준 사람, 저를 슬프게 한 사람, 비방한 사람, 손해를 입히고 고통을 준 사람, 그리고 이와 반대로 제가 말이나 행동으로 상처를 준 사람, 슬프게 하고 불안하게 한 사람, 고통을 준 모든 사람을 위하여 회개하고 간구하며 주 앞에 속죄제물을 바칩니다. 주님, 저희를 불쌍히 여기사 모든 죄와 불법에서 속량하여 주소서.

너희가 사람의 잘못을 용서하면 너희 하늘 아버지께서도 너희 잘못을 용서하시려니와 마 6:14

내 사랑하는 주님

주의 자비가 어찌 그리 크고 놀라운지요. 주님은 모든 가난한 영혼을 채워 주시고 모든 주린 영혼을 먹여 주십니다! 사랑으로 힘을 주십니다. 주를 영접하는 자는 얼마나 위대한 주인을 영접하는 것입니까? 얼마나 참되고 친밀한 벗을 얻는 것입니까? 얼마나 아름답고 순결한 신랑을 맞이하는 것입니까? 저는 이 세상에서 원하는 그 무엇보다 더 주님을 원하고, 이 세상에서 사랑하는 그 무엇보다 더 주님을 사랑하길 원합니다. 하늘과 땅, 그리고 그 안에 있는 모든 보화들이여, 주 앞에 잠잠하라. 세상의 그 어떤 것도 주님보다 영화로울 수 없고 아름다울 수 없으며 사랑스러울 수 없음을 선포하노라!

나의 힘이신 여호와여 내가 주를 사랑하나이다 시 18:1

내 사랑하는 주님

고난 가운데 지쳐 있다 보면, 때론 주의 은총이 사라진 것처럼 느껴질 때가 있습니다. 제 안에 주를 향한 열정이 다 사그라진 듯 느껴질 때도 있습니다. 하지만 주님은 이것이 이상한 일이 아니라고 말씀하십니다. 고난 없는 의인은 없다고 말씀하십니다. 네, 그렇습니다. 믿음의 선조들의 험한 삶을 살펴볼 때에 제 고통은 아무것도 아님을 깨닫습니다. 그리스도를 위하여 어떠한 고난도 받지 않는 사람은 결코 하늘의 관점을 소유할 수 없습니다. 주님, 제가 앞서간 수많은 의인들을 바라보며 더 이상 제 연약함으로 인하여 절망하지 않겠습니다. 오직 성령님의 인도하심을 따르겠습니다. 욥은 주의 은총에 대하여 이렇게 고백하였습니다. "아침마다 권징하시며 순간마다 단련하시나이까"(욥 7:18). 주님, 저를 주의 사람으로 단련하여 주소서!

그의 발은 차꼬를 차고 그의 몸은 쇠사슬에 매였으니 곧 여호와의 말씀이 응할 때까지라 그의 말씀이 그를 단련하였도다 시 105:18-19

9

자신을 드러내지 않는 사람을 무시하지 마십시오
비참할 정도로 자신을 낮추는 사람을 멸시하지 마십시오
낮아지는 것을 경멸하는 사람은 천국의 가장 낮은 문조차도
그들이 통과하는 것을 허락하지 않을 것입니다

뜻을 정하여 나아가는 9월의 고백

회개

감사

간구

순종

거룩을 갈망하는 자여

세상의 소리에 귀를 기울이지 않고 심령 가운데 울려 퍼지는 주의 세밀한 음성을 듣는 자는 복이 있습니다. 오직 진리의 소리에만 반응하는 자는 복이 있습니다. 세상으로 향하는 눈을 가리고 영혼에 집중하는 자는 복이 있습니다. 그리스도를 위하여 자신을 희생하는 자는 복이 있습니다. 자기 자신을 세상과 단절시키는 자는 복이 있습니다. 그런데 아무리 하늘의 복을 외쳐도 주위에 그 복을 누리는 사람이 없는 이유는 무엇입니까? 사람들은 하늘의 것을 누릴 수 있는 이 놀라운 복에 대하여 왜 이리도 냉랭합니까?

내가 하나님 여호와께서 하실 말씀을 들으리니 시 85:8

거룩을 갈망하는 자여 사람들의 요란한 말로부터 멀어지십시오. 그것은 깊은 수렁처럼 당신을 허망한 것에 빠트리고 마음을 혼란스럽게 할 것입니다. 마음의 평안과 평화를 지키길 원한다면 가능한 한 말을 적게 하십시오. 많은 사람들이 대화를 통하여 위로받기 원하고 복잡한 생각에서 벗어나 마음의 평정을 얻길 원합니다. 자신이 좋아하는 것과 싫어하는 것을 말하고 싶어 합니다. 그러나 세상을 향하여 마음속에 있는 것을 다 풀어내면 우리 주님과는 어떤 대화를 나눌 수 있겠습니까? 세상을 사랑하는 것은 주님을 버리는 것입니다. 이제 세상이 주는 모든 만족감을 밀어내십시오. 세상이 주는 사랑에 길들어진 모습을 버리십시오. 오직 그리스도로부터 오는 위로와 사랑을 받으십시오.

데마는 이 세상을 사랑하여 나를 버리고… 딤후 4:10

거룩을 갈망하는 자여

일평생 수고해야 살 수 있는 인간이 어찌 쉼을 구할 수 있겠습니까? 위로를 구하기보다는 인내로써 자신을 주께 복종시키고, 쾌락을 즐기기보다는 자기 십자가를 지어야 합니다. 육신의 쾌락을 즐기던 사람이 하늘의 기쁨을 원한다고 해서 그것을 갑자기 누릴 수는 없습니다. 다만 진실로 세상을 멀리하고 영성을 추구하며 선을 행하고 깨끗한 마음으로 살면 주님의 도우심을 입을 것입니다. 유혹과 방종, 그리고 스스로를 과신하는 것은 천국으로 가는 여정에 있어 큰 장애물이 됩니다. 거기에 절대로 넘어가지 마십시오.

너희가 육신대로 살면 반드시 죽을 것이로되 영으로써 몸의 행실을 죽이면 살리니 롬 8:13

거룩을 갈망하는 자여

왜 당신은 주님과의 은밀한 골방에서 찾지 못한 것을 다른 곳에서 찾으려고 합니까? 왜 스스로 만족할 만한 무언가를 찾아내려고 발버둥 칩니까? 당신이 세상 모든 것을 샅샅이 다 뒤진다 해도 아무 소용없습니다. 당신을 만족시킬 수 있는 것은 이 땅에 없습니다. 오직 당신의 시선을 하늘에 계신 주님께 고정시키십시오! 헛된 일을 멀리하십시오. 그분의 명령에 순복하십시오. 다시 골방으로 들어가 사랑의 주님을 초청하십시오. 주님과 함께 할 때에 비로소 당신이 그토록 찾아 헤매던 것을 찾을 수 있을 것입니다. 그러나 세상을 향하여 그대로 주저앉아 있으면 당신에게 남는 것은 상처뿐일 것입니다.

하늘에 계시는 주여 내가 눈을 들어 주께 향하나이다 시 123:1

거룩을 갈망하는 자여

세상이 주는 위로도 우리에게 안도감을 주는데, 하늘로부터 오는 위로는 얼마나 크고 놀랍겠습니까? 당신은 이런 하늘의 위로를 받으며 살아가고 있습니까? 만일 지금까지 주님의 위로를 한 번도 경험해 보지 못했다면, 그 자체가 당신에게 허물이 될 수 있습니다. 왜냐하면 그것은 지금까지 당신이 주님께 위로를 구할 만큼 슬퍼한 적이 없고, 세상에서 만족하며 살아왔다는 것을 의미하기 때문입니다. 어쩌면 지금 당신에게는 위로보다 고난이 더 가치 있을지 모르겠습니다. 우리는 고난을 통하여 애통하는 마음으로 회개하고, 세상에 환멸을 느끼기 시작하기 때문입니다.

고난 당하기 전에는 내가 그릇 행하였더니 이제는 주의 말씀을 지키나이다 시 119:67

거룩을 갈망하는 자여
가난한 자의 위로 되시며 겸손한 자의 도움 되시는
우리 주님이 아니라면, 그 무엇에서도 위로와 기쁨
을 구하지 마십시오. 주님의 약속을 기다리며 인내
하면, 언젠가 하늘의 온갖 좋은 것들을 누리게 될
것입니다. 지금 하고 있는 세상일에 너무 얽매이
지 마십시오. 그러면 영원한 하늘의 것을 잃어버리
게 될 것입니다. 이 땅에서 오직 영원한 하늘의 것
을 소망하며 살아가십시오. 그리스도인은 결코 세
상의 소유로 만족할 수 없습니다. 세상에서 기쁨을
얻도록 창조되지 않았기 때문입니다.

만일 땅에 있는 우리의 장막 집이 무너지면 하나님께서 지으
신 집 곧 손으로 지은 것이 아니요 하늘에 있는 영원한 집이 우
리에게 있는 줄 아느니라 고후 5:1

거룩을 갈망하는 자여

어리석은 사람은 자신에게 죽음이 갑자기 찾아오지 않을 것이라고 확신합니다. 그러나 죽음은 예상치 못한 때에 우리를 찾아와 낚아채 갑니다! 오늘도 누군가는 물에 빠져서, 낙상해서, 굶어서 죽었습니다. 불에, 칼에, 강도의 손에 죽었습니다. 당신도 매일 이러한 소식을 접하고 있지 않습니까? 인생이란 참으로 순식간에 지나가 버리고 마는 것입니다. 이 불완전한 인생 가운데 영생을 주시는 그리스도와 함께 살고 싶습니까? 그렇다면 먼저 세상에 대하여 죽는 법부터 배우십시오. 주님께 나아가지 못하도록 방해하는 모든 것을 경멸하는 방법부터 배우십시오. 흔들리지 않는 믿음으로 자신을 무장하십시오.

인생은 그 날이 풀과 같으며 그 영화가 들의 꽃과 같도다 시 103:15

거룩을 갈망하는 자여 세상의 모든 영광과 쾌락을 실컷 누리다가 죽는다면, 어떤 심판이 기다리고 있겠습니까? 그리스도를 사랑하고 그분을 섬기는 것 외에 다른 모든 것은 헛될 뿐입니다. 온 마음으로 그분을 사랑하는 사람은 죽음이나 형벌, 심판이나 지옥을 두려워하지 않습니다. 온전한 사랑이 모든 두려움을 내쫓기 때문입니다. 그가 심판 날을 기쁘게 기다리는 것은 결코 놀랄 일이 아닙니다! 당신이 지옥이 무서워서 죄를 짓지 않는다면 그것도 감사한 일입니다. 그러나 그 동기가 두려움이 아닌 주님을 향한 사랑으로 바뀌기를 진심으로 바랍니다. 명심하십시오. 두려워하는 사람은 선한 삶을 오래 유지하지 못할 뿐 아니라 사탄의 덫에 금세 걸리고 맙니다.

사랑 안에 두려움이 없고 온전한 사랑이 두려움을 내쫓나니 두려움에는 형벌이 있음이라 두려워하는 자는 사랑 안에서 온전히 이루지 못하였느니라 요일 4:18

거룩을 갈망하는 자여

이리저리 세상을 기웃거리는 당신의 마음을 사로잡아 주께로 돌이키십시오. 그리스도는 "하나님의 나라는 너희 안에 있느니라"(눅 17:21)고 말씀하셨습니다. 비참한 결말을 안겨 주는 세상을 과감히 뒤로하고 영혼의 참 안식처를 찾으십시오. 외적인 것들을 경멸하고 내적인 것들을 위하여 헌신하십시오. 그러면 하나님의 나라가 당신 안에 임할 것입니다. 주님께서 마침내 당신을 찾아와 위로해 주실 것입니다. 당신은 그분과의 교제를 통하여 진실로 아름답고 영광스러운 그분 안에서 기쁨과 평화를 누릴 것입니다.

…하나님의 나라는 볼 수 있게 임하는 것이 아니요 또 여기 있다 저기 있다고도 못하리니 하나님의 나라는 너희 안에 있느니라 눅 17:20-21

거룩을 갈망하는 자여 화평하게 하는 자는 모든 것을 선하게 변화시킵니다. 그러나 분쟁을 일으키는 자는 선한 일도 악하게 바꾸어 놓습니다. 안정된 심령을 가진 자는 누군가를 의심하지 않습니다. 그러나 늘 불안해하고 불평하는 자는 삶 자체가 의심으로 뒤엉켜 있습니다. 그는 스스로 안정을 취하지 못할 뿐 아니라 다른 사람들이 안정을 취하는 것도 용납하지 않습니다. 해서는 안 될 말을 하고 정작 해야 할 일은 하지 않습니다. 다른 사람들의 일에 열심히 간섭하나 자기 일은 게을리 합니다. 오직 당신은 마음의 평안을 지켜 내십시오. 그러면 그 평안이 다른 이들에게도 전해져 화평하게 될 것입니다.

화평하게 하는 자들은 화평으로 심어 의의 열매를 거두느니라
약 3:18

거룩을 갈망하는 자여

자기 자신을 신뢰하지 마십시오. 우리의 타고난 본성이 악하기 때문입니다. 종종 우리의 마음은 '장님'이 되어 그릇된 길로 갑니다. 때론 실수를 무마시키기 위하여 편법을 쓰기도 합니다. 자기 자신에게는 관대하지만 다른 사람에게는 까다롭습니다. 자신의 고통에는 민감하지만 다른 사람이 당하는 고통에는 관심이 없습니다. 만일 당신이 이 모든 '행위의 무게'를 충분히, 그리고 정확히 잴 수 있다면, 엄중한 심판을 피할 수 없음을 알 것입니다. 심판 날이 오기 전에 모든 악에서 떠나십시오. 주님만을 경외하십시오.

스스로 지혜롭게 여기지 말지어다 여호와를 경외하며 악을 떠날지어다 잠 3:7

거룩을 갈망하는 자여
세상은 '고뇌'라는 말을 가치 있고 고상하게 여기
지만 그것은 크게 잘못된 것입니다. 당신은 세상의
모든 고뇌로부터 자유로워질 때에 비로소 믿음의
진보를 이룰 수 있습니다. 이제는 하나님이 기뻐하
시는 삶이 무엇인지에 대하여 깊이 고민하십시오.
그것은 당신을 영원한 생명으로 인도할 것입니다.
우리 하나님은 그분을 높이지 않는 것, 그분을 영
화롭게 하지 않는 것, 그분을 기쁘시게 하지 않는
모든 것을 제하여 가실 것입니다. 홀로 영원하신
분께서 그분의 이름을 위하여 이 모든 일을 행하실
것입니다.

홀로 큰 기이한 일들을 행하시는 이에게 감사하라 그 인자하
심이 영원함이로다 시 136:4

거룩을 갈망하는 자여

모든 일을 주님 앞에서 행하십시오. 그분을 향한
사랑으로 자기 자신을 부인하십시오. 자기를 사랑
하면 사람의 위로를 쉽게 취하게 될 것이나 주님을
사랑하고 그분을 위하여 선을 행하면 세상의 위로
로부터 멀어지게 될 것입니다. 세상을 의지하려는
자기 자신을 엄격히 통제하게 될 것입니다. 때로는
그리스도를 향한 열정으로 인하여 사랑하는 사람
에게 버림을 받을 수도 있습니다. 그렇더라도 너무
괴로워하지 말고 소망을 품고 변함없이 주를 사랑
하십시오. 그분의 위대하신 이름을 의지하십시오.
이제 당신을 기쁘게 하는 세상 것을 미워함으로써
세상을 이기십시오.

만민이 각각 자기의 신의 이름을 의지하여 행하되 오직 우리
는 우리 하나님 여호와의 이름을 의지하여 영원히 행하리로다
미 4:5

거룩을 갈망하는 자여
지금부터 하늘의 은총을 잃어버리지 않는 방법을
가르쳐 드리겠습니다. 첫째, 사람들의 시선으로부
터 자유해지십시오. 둘째, 사람에게 칭찬을 구걸하
러 다니지 마십시오. 셋째, 신앙의 열정과 무너진
삶의 영역을 회복시키기 위하여 힘쓰십시오. 그러
나 안타깝게도 많은 그리스도인들이 이렇게 살아
가지 못합니다. 선한 행동이 세상에 알려지고 칭송
받기 시작하면 주의 은총을 놓치기도 합니다. 오늘
당신의 모습은 어떻습니까? 세상의 칭찬 가운데
하늘의 은총이 새어나가고 있는 것은 아닌지 점검
해 보십시오.

은총의 표적을 내게 보이소서 그러면 나를 미워하는 그들이
보고 부끄러워하오리니 여호와 주는 나를 돕고 위로하시는
이시니이다 시 86:17

거룩을 갈망하는 자여

하나님의 나라를 원하는 사람은 많지만 십자가를 지려는 사람은 많지 않습니다. 주님의 위로를 바라는 사람은 많지만 그분의 고난에 동참하려는 사람은 많지 않습니다. 주님의 식탁에 함께 앉으려는 사람은 많지만 그분을 위하여 금식하려는 사람은 많지 않습니다. 하늘 양식을 구하는 사람은 많지만 고난의 잔을 마시려는 사람은 많지 않습니다. 기적을 원하는 사람은 많지만 십자가의 수치를 겪으려는 사람은 많지 않습니다. 혹 당신도 이 많은 사람들 가운데 한 명은 아닙니까? 사람들이 찾지 않는 좁은 문으로 들어가십시오.

좁은 문으로 들어가라 멸망으로 인도하는 문은 크고 그 길이 넓어 그리로 들어가는 자가 많고 마 7:13

거룩을 갈망하는 자여

"저주를 받은 자들아, 나를 떠나 영원한 불에 들어가라"(마 25:41)는 주의 심판의 메시지가 어떻게 들립니까? "누구든지 나를 따라오려거든 자기를 부인하고 자기 십자가를 지고 나를 따를 것이니라"(마 16:24)는 말씀은 어떻습니까? 이 말씀처럼 자기 십자가를 진 사람은 영원한 형벌을 두려워할 필요가 없습니다. 그에게 새겨진 십자가의 표식은 심판 날에 천국의 증표가 될 것입니다. 그런데 왜 당신은 십자가를 지고 가는 것을 두려워합니까? 십자가는 천국으로 가는 길입니다. 십자가는 구원이며 생명입니다. 십자가는 모든 원수로부터 당신을 보호해 줍니다. 십자가 없는 영원한 소망을 가진 삶이란 불가능합니다!

그리스도께서 약하심으로 십자가에 못 박히셨으나 하나님의 능력으로 살아 계시니 우리도 그 안에서 약하나 너희에게 대하여 하나님의 능력으로 그와 함께 살리라 고후 13:4

거룩을 갈망하는 자여

의인은 악한 생각이 들어올 때에 괴로워하며 근심합니다. 그리고 그 근심을 통하여 자신이 선하지 않다는 것과 스스로 선한 일을 할 수도 없음을 철저히 깨닫습니다. 오직 선하신 주님 한 분만을 구합니다. 우리는 고통으로 몸부림칠 때에 비로소 주께 부르짖어 기도하게 됩니다. 이 땅에서 온전한 평화를 누릴 수 없음을 깨달을 때에 비로소 죽음을 두려워하지 않고 그리스도와 함께 하기를 갈망하게 됩니다. 당신은 괴로움 가운데 있을 때에 어떻게 반응합니까? 무엇을 근심합니까? 그것은 후회할 것이 없는 근심입니까, 아니면 사망을 이루는 근심입니까?

하나님의 뜻대로 하는 근심은 후회할 것이 없는 구원에 이르게 하는 회개를 이루는 것이요 세상 근심은 사망을 이루는 것이니라 고후 7:10

거룩을 갈망하는 자여

세상은 그리스도의 마음과 성품으로 살아가는 사람을 감당하지 못합니다. 그러나 실제로 사람의 위로를 구하지 않는 삶, 주의 이름을 위하여 나그네로 사는 삶, 자기 유익을 위하여 아무것도 구하지 않는 삶, 자기 공로를 의지하지 않는 삶을 살아내기란 참으로 어렵습니다. 항상 복을 누리며 즐겁고 형통하게 신앙생활을 하면 좋겠지만 이는 불가능합니다. 주님이 걸으신 십자가의 길을 따르는 것 외에 다른 방법은 없습니다. 그러나 두려워하지 마십시오. 전능하신 주께서 우리를 친히 이끌어 주실 것입니다. 우리의 짐을 대신 져 주실 것입니다. 이 얼마나 놀라운 일입니까!

여호와 우리 하나님이시여 주 외에 다른 주들이 우리를 관할하였사오나 우리는 주만 의지하고 주의 이름을 부르리이다 사 26:13

거룩을 갈망하는 자여

당신은 '단순함'과 '순수함'이라는 두 날개를 달고 이 땅에서 저 하늘까지 날아올라야 합니다. 당신의 목적은 단순해야 하고 당신의 갈망은 순수해야 합니다. 단순함은 당신을 주께로 이끌어 주고, 순수함은 주께 기쁨이 될 것입니다. 당신이 무가치한 것을 목표로 삼지 않고 단순히 주님의 기쁨만을 구하고 가난한 이웃들에게 선행을 베푼다면 어디에도 매이지 않게 될 것입니다. 당신의 마음이 순수하다면 모든 피조물이 당신을 위하여 살아 있는 '거울'과 거룩한 가르침을 주는 '책'이 되어줄 것입니다.

선을 행하고 선한 사업을 많이 하고 나누어 주기를 좋아하며 너그러운 자가 되게 하라 딤전 6:18

거룩을 갈망하는 자여

사랑은 오래 참고 온유하며 신실합니다. 사랑은 무례히 행치 아니하며 진리와 함께 기뻐합니다. 사랑은 신중하고 담대합니다. 사랑은 자신의 유익을 구하지 않습니다. 사랑은 교만하지 않으며 자랑하지 않습니다. 사랑은 유약하거나 가볍지 않으며 헛된 것을 바라지 않습니다. 사랑은 순결하고 견고하며 고요하고 모든 감정에 신중합니다. 사랑은 권세에 복종하고 순종합니다. 당신이 고백하는 사랑도, 당신이 원하는 사랑도 이러합니까? 정말 이렇게 사랑하고 있습니까?

사랑은 오래 참고 사랑은 온유하며 시기하지 아니하며 사랑은 자랑하지 아니하며 교만하지 아니하며 고전 13:4

거룩을 갈망하는 자여

사람들은 '얼마나 많은 일을 했는가'에 관심을 가집니다. 그러나 '얼마나 선한 일을 했는가'에 대해서는 무관심합니다. 그들은 얼마나 강한지, 얼마나 부유한지, 얼마나 용모가 뛰어난지, 얼마나 글을 잘 쓰는지, 얼마나 노래를 잘 부르는지, 얼마나 일을 잘하는지에 대하여 궁금해 합니다. 그러나 얼마나 마음이 가난한지, 얼마나 인내하는지, 얼마나 경건한지, 얼마나 온유한지, 얼마나 영적인가에 대해서는 무관심합니다. 인간의 본성은 겉으로 보이는 것만을 주목하나 그리스도의 은총은 내면을 바라볼 수 있도록 이끌어 주기 때문입니다. 결국 눈에 보이는 것을 주목한 사람은 넘어지고, 주의 은총을 구한 사람은 믿음으로 승리할 것입니다.

그러므로 우리가 낙심하지 아니하노니 우리의 겉사람은 낡아지나 우리의 속사람은 날로 새로워지도다 고후 4:16

거룩을 갈망하는 자여

당신이 하늘의 것을 사랑하면 마음에 기쁨이 넘치
게 될 것입니다. 그러나 세상의 것을 사랑하면 그
것이 무엇이냐에 따라 기뻐하거나 슬퍼하게 될 것
입니다. 당신이 육에 속한 것을 사랑하면 정욕이
끊임없이 불타오르게 될 것입니다. 그러나 영에 속
한 것을 사랑하면 끊임없이 거룩한 것을 생각하게
될 것입니다. 이와 같이 우리 모두는 '지금 내가 무
엇을 사랑하고 있는가'에 따라 큰 영향을 받습니
다. 오직 주를 사랑함으로 세상을 멀리하는 사람,
본능을 억누르는 사람은 복이 있습니다. 성령을 거
스르는 육체의 소욕을 십자가에 못 박은 사람은 복
이 있습니다. 당신도 그 복을 차지하십시오.

네 보물 있는 그곳에는 네 마음도 있느니라 마 6:21

거룩을 갈망하는 자여

우리의 본성은 비밀을 파헤치길 좋아하고 늘 새로운 이야깃거리를 원합니다. 자신이 드러나는 것을 좋아하고 감각을 통한 자극적인 경험을 추구합니다. 유명해지기를 원하고 사람들로부터 칭송 받기를 원합니다. 그러나 은총은 잡담거리나 사소한 문제들에 마음을 빼앗기지 않습니다. 감정을 절제하고 매사에 겸손합니다. 헛된 자기만족이나 칭송받는 행위를 피합니다. 사람들이 주께 영광과 찬양을 돌리도록 인도합니다. 자신의 유익을 구하지 않습니다. 은총은 모든 순결한 사랑에서 나오기 때문입니다. 본성은 심판의 자리로, 은총은 구원의 자리로 인도할 것입니다. 본성을 따르는 삶은 당신을 땅으로 끌어내리고, 은총을 입은 삶은 당신을 하늘로 끌어올릴 것입니다.

스스로 속이지 말라 하나님은 업신여김을 받지 아니하시나니 사람이 무엇으로 심든지 그대로 거두리라 갈 6:7

거룩을 갈망하는 자여

분별없이 보이는 대로만, 들리는 대로만 판단하지 마십시오. 주의 말씀으로 진실하게 판단하십시오. 주님의 선하시고 기뻐하시는 뜻을 생각하십시오. 우리는 느낌대로 판단하고, 눈에 보이는 것만 좇다가 얼마나 자주 속임을 당하였습니까? 사람들의 달콤한 말에 취해 있다가 얼마나 자주 잘못된 선택을 하였습니까? 불완전한 사람이 누군가를 칭찬한다는 것은 거짓말쟁이가 거짓말쟁이에게 칭찬하는 것과 같습니다. 아첨꾼이 아첨꾼에게 아부하는 것과 같습니다. 장님이 장님을 안내하는 것과 같습니다. 이처럼 사람이 사람을 기쁘게 하는 것은 참으로 어리석은 행위입니다. 진실로 사람의 칭찬은 수치를 부릅니다.

…맹인이 맹인을 인도할 수 있느냐 둘이 다 구덩이에 빠지지 아니하겠느냐 눅 6:39

거룩을 갈망하는 자여

십자가는 항상 당신 곁에 있습니다. 당신이 땅 끝에 거할지라도 그 십자가로부터 도망칠 수 없습니다. 주님의 통치하심 아래 있길 원한다면, 그리스도와 함께 십자가에 못 박히십시오. 그리고 이제는 당신 자신이 아닌 그리스도로 인하여 사십시오. 그러면 마침내 그 십자가가 당신을 천국으로 인도할 것입니다. 그곳은 눈물도, 아픔도 없는 영원한 곳입니다. 오늘도 당신을 사랑하사 자기 자신을 버리신 그리스도를 깊이 묵상하면서 그분을 믿는 믿음으로 살아가십시오. 십자가를 붙드십시오.

내가 그리스도와 함께 십자가에 못 박혔나니 그런즉 이제는 내가 사는 것이 아니요 오직 내 안에 그리스도께서 사시는 것이라… 갈 2:20

거룩을 갈망하는 자여 당신의 마음을 세상 것으로 가득 채우면 믿음 없는 미련한 삶을 살아가게 될 것입니다. 아마도 이 세상에서 가장 불쌍한 사람은 다가올 심판 날에 "내가 사랑하고 집착한 것들이 아무 쓸모없구나!' 하면서 탄식하는 사람일 것입니다. 그리스도를 따르는 성도는 육신의 즐거움이나 세상이 추구하는 것을 따르지 않습니다. 자신의 모든 소망을 영원한 것에 둡니다. 눈에 보이지 않는 영원한 것을 소망합니다. 자신의 영적 성장을 막는 모든 것을 철저하게 거부합니다. 당신이 하나님께로 돌아오지 않는다면, 어디에서 무엇을 하든 비참할 것입니다. 당신의 마음을 세상 것으로 채우려는 그 치열한 삶을 내려놓고, 성령님의 인도하심을 따라 살아가십시오.

우리가 육신으로 행하나 육신에 따라 싸우지 아니하노니 고후 10:3

거룩을 갈망하는 자여

그리스도인은 이 땅에서 나그네로 살아가야 합니다. 물론 그 인생은 외롭고 위험하며 세상을 맘껏 누리지 못하지만, 성도라면 마땅히 그렇게 살아가야 합니다. 많은 성도들이 입술로는 "나는 나그네 삶을 살고 있습니다"라고 고백하면서 이 땅에서의 행복을 바라며 살아갑니다. 당신은 어떻습니까? 만일 당신도 그렇다면 이제 더 이상 스스로를 속이지 마십시오. 당신의 기준을 내세우지 말고 성경이 말하는 기준에 당신을 맞추십시오. 행복하길 원합니까? 하나님을 향한 경외심과 선한 양심에 기초를 두지 않는 삶은 참 자유와 기쁨을 결코 누릴 수 없습니다.

…너희가 나그네로 있을 때를 두려움으로 지내라 벧전 1:17

거룩을 갈망하는 자여

성찬을 받기 전에 당신 자신을 돌아보며 철저히 회개하십시오. 그리고 성찬을 받은 후에는 당신의 삶을 거룩하게 지켜나가십시오. 이는 성찬을 준비하는 만큼이나 중요한 일입니다. 만일 성찬을 받은 후에 주님보다 세상의 위로를 먼저 구한다면, 당신은 경건한 삶에 대하여 더 무관심하게 될 것입니다. 세상이 주는 위로를 끊어내고 거룩을 향하여 나아가십시오. 말을 너무 많이 하는 것에 대해서도 경계하십시오. 모든 걱정과 염려를 내어던지십시오. 모든 두려움을 물리치십시오. 은밀한 곳에서 주님을 기쁘게 섬기십시오.

그러므로 누구든지 주의 떡이나 잔을 합당하지 않게 먹고 마시는 자는 주의 몸과 피에 대하여 죄를 짓는 것이니라 고전 11:27

거룩을 갈망하는 자여

마리아처럼 경의와 찬송, 감사와 경외, 사랑과 믿음, 정결함으로 주님을 맞이하십시오. 마리아는 천사가 주님의 성육신에 대하여 전할 때, "주의 여종이오니 말씀대로 내게 이루어지이다"(눅 1:38)라고 겸손히 고백했습니다. 세례 요한도 태중에 있을 때에 성령으로 크게 기뻐하였습니다. 훗날 그는 그리스도를 향하여 자신을 낮추며 이렇게 외쳤습니다. "신부를 취하는 자는 신랑이나 서서 신랑의 음성을 듣는 친구가 크게 기뻐하나니 나는 이러한 기쁨으로 충만하였노라"(요 3:29). 당신도 마리아처럼, 세례 요한처럼 뜨거운 열망과 거룩한 소망, 그리고 온 맘으로 당신 자신을 주께 드리십시오. 하늘과 땅에 있는 모든 피조물이 올리는 찬양을 주께 바치십시오. 오직 주님만이 우리의 모든 기도와 찬송, 영광을 받기에 합당하신 분입니다.

대저 하나님의 모든 말씀은 능하지 못하심이 없느니라 마리아가 이르되 주의 여종이오니 말씀대로 내게 이루어지이다 하매 천사가 떠나가니라 눅 1:37-38

거룩을 갈망하는 자여

고난은 하늘의 위로가 내리기 전에 받는 사인(sign)과 같습니다. 그래서 우리는 위로를 구하기에 앞서 고난을 받아야 합니다. 하늘의 상급을 받기 전에 먼저 고난을 통과해야 합니다. 주님은 다음과 같이 말씀하셨습니다. "이기는 그에게는 내가 하나님의 낙원에 있는 생명나무의 열매를 주어 먹게 하리라"(계 2:7). 하늘의 위로는 끊임없는 역경 가운데 우리가 온전해지는 만큼 주어집니다. 고난 가운데 인내로 견딘 자들에게 주어집니다. 어떤 고난이 닥치더라도, 어떤 환난을 맞더라도 믿음으로 견뎌내십시오! 믿음으로 세상을 이기십시오.

무릇 하나님께로부터 난 자마다 세상을 이기느니라 세상을 이기는 승리는 이것이니 우리의 믿음이니라 요일 5:4

10

"주님, 저는 고통 가운데 있는데 왜 그는 형통합니까?"
"저는 버림을 받았는데 왜 그는 위로를 받습니까?"
이제 그만 듣고 싶은 답을 내려놓고 진리를 선포하십시오
"주는 의로우시고 주의 판단은 옳습니다!"

뜻을 정하여 나아가는 10월의 고백

회개

감사

간구

순종

내 사랑하는 자야

거친 비바람이 모두 지나갔으니 이제 용기를 내어
다시 일어나라. 내 사랑 안에 강건하여지라. 나는
네 모든 것을 회복시켜 하늘의 풍성한 것으로 채
워줄 것이다. 전능자에게 불가능한 일이 무엇이겠
느냐? 내가 약속하고 지키지 못할 것이 무엇이겠
느냐? 그러므로 너는 믿음 위에 굳게 서서 견디고
또 견뎌내라. 때가 차면 하늘의 위로를 얻을 것이
다. 나를 기다리고 또 기다려라. 내가 너를 치유할
것이다. 내가 멀리 있는 것처럼 느껴질지라도 내가
너와 함께 함을 굳게 믿고 나아가라. 모든 것을 잃
은 것처럼 느껴질지라도 나와 함께 승리의 길 한가
운데 서 있음을 잊지 말라. 네가 바라는 일이 네 뜻
과 다른 방향으로 흘러갈지라도 섣불리 "다 끝났
어"라고 말하지 말라. 네 느낌을 따라 속단하지 말
고 근심하지도 말라. 모든 소망이 사라졌다고도 말
하지 말라. 나는 네 하나님 여호와라!

일을 행하시는 여호와, 그것을 만들며 성취하시는 여호와, 그
의 이름을 여호와라 하는 이가 이와 같이 이르시도다 렘 33:2

내 사랑하는 자야

너 자신을 사랑하고 너 자신이 원하는 것만을 구하는 행위는 스스로에게 족쇄를 채우는 것과 같다는 것을 기억하라. 만일 네가 지금 돌이키지 않고 계속 그렇게 살아간다면 네 인생은 탐욕과 헛된 호기심으로 요동치게 될 뿐 아니라 항상 편하고 넓은 길만을 찾기 위하여 방황할 것이다. 뿐만 아니라 너는 십자가의 삶을 도저히 살아내지 못하고, 아무리 발버둥 쳐도 만족하지 못해 허무감만 느낄 것이다. 이제 너는 그 삶으로부터 돌이키고, 이와 같은 자들로부터 돌아서서 오직 내가 들려주는 말을 마음 깊이 새기라. "네 안에 널뛰는 욕망을 포기하라!" 그리하면 진리를 깨닫고 참 안식을 얻을 것이다. "십자가 앞으로 나아와 네 자신을 부인하라!" 그리하면 완전한 자유를 누릴 것이다.

너는 이것을 알라 말세에 고통하는 때가 이르러 사람들이 자기를 사랑하며… 딤후 3:1-2

내 사랑하는 자야

누군가가 너를 나쁘게 생각하거나 너에 대한 나쁜 말을 하고 다닐지라도 괴로워하지 말라. 네가 진정 믿음의 길을 걸어가길 원한다면 그런 가치 없는 말에 마음을 빼앗겨서는 안 된다. 오히려 네 자신을 가장 더러운 죄인으로 여기고 모든 사람을 너보다 낮게 여기라. 그것이 유익하다. 나는 귀에 들리는 안 좋은 말들에 침묵하는 것이 얼마나 어려운 일인지 잘 알고 있다. 그러니 항상 네 마음을 나를 향하여 두고 사람들의 심판에 휘둘리지 않도록 주의하라. 사람들이 너를 좋게 판단하든 나쁘게 판단하든 그 말에 따라 행동하지 말라. 진정한 평안과 영광이 어디로부터 오느냐? 모두 내게로부터 오지 않느냐? 사람을 기쁘게 하기 위하여 애쓰고 사람의 판단을 두려워한다면, 너는 결코 평안을 누리지 못할 것이다. 마음에서 일어나는 모든 불안과 소란은 무질서한 사랑과 두려움으로부터 비롯되기 때문이다.

어리석은 자는 온갖 말을 믿으나 슬기로운 자는 자기의 행동을 삼가느니라 잠 14:15

내 사랑하는 자야

어떤 자들은 나를 위한다고 말하면서 자신의 믿음을 잘나가는 신앙서적이나 눈에 보이는 형상 위에 세우는구나. 또 어떤 자들은 나를 섬긴다고 말하면서 마음은 내게서 멀리 떠나 있구나. 그러나 그렇지 않은 자들도 분명히 있기에 너는 그들과 함께 믿음의 길을 걸어가라. 그들은 지혜롭고 순결하여 영원한 것을 갈망하고 세상일에 나서지 않는다. 그들은 세상의 것을 미워하고 하늘의 것을 사랑하기 위하여, 그리고 세상을 멀리하고 하늘의 것을 소망하기 위하여 늘 성령님의 인도하심을 구한다. 나와 함께 죽고 나와 함께 다시 살아난 자야, 오직 위의 것을 찾으라. 위의 것을 생각하고 땅의 것을 생각하지 말라. 너는 이미 죽었고, 네 생명은 내 안에 감추어져 있지 않느냐!

위의 것을 생각하고 땅의 것을 생각하지 말라 골 3:2

내 사랑하는 자야

불이 활활 타오르면 검은 연기와 그을음도 함께 생겨나듯, 네 안에서 하늘을 향한 거룩한 열망이 일어날 때에 육신의 유혹도 함께 찾아온다는 것을 명심하라. 그 유혹으로부터 자유로워지기란 결코 쉽지 않으며 네가 한시라도 깨어 기도하지 않으면 금세 넘어지고 말 것이다. 그러나 단지 열심히 기도하는 것만이 답은 아니다. 기도의 열심 가운데 내영광을 찾지 않는 자들이 얼마나 많은지 보라! 이기심으로 물든 간구는 순결하지도, 완전하지도 않다. 사랑하는 자야, 너는 네 유익과 기쁨을 위하여 기도하지 말고 오직 내 영광을 위하여 간구하라. 그러면 나는 네 기도를 기쁘게 받을 것이며 네 욕망과 유익이 아닌 내 뜻을 기쁘게 따르도록 너를 인도할 것이다.

구하여도 받지 못함은 정욕으로 쓰려고 잘못 구하기 때문이라
약 4:3

내 사랑하는 자야

자신의 지식을 자랑하는 교만한 자보다 자신의 부족함을 인정하는 겸손한 자가 얼마나 귀한지 보라. 스스로 지혜롭다 여기는 자는 다른 누군가의 가르침을 결코 받아들이지 않는다. 또한 지식이든 재물이든 세상 것을 소유하면 할수록 얼마나 교만해지기 쉬운지 보라. 궁핍했던 지난날을 생각하지 않는 자, 나를 경외하지 않는 자, 쾌락에 빠져 은혜를 잊어버린 자는 분별력을 상실하게 되고, 자기 자신을 의지하는 자는 점점 더 무례히 행하게 될 것이다. 자신의 평화와 안전에 지나치게 집착하는 자 역시 시련을 만날 때에 크게 낙심하고 두려워하게 될 것이다. 그러나 겸손하고 지혜로우며 매사에 절제하는 자는 위험이나 죄 가운데 쉽게 빠지지 않을 것이다. 교만에는 파멸이, 겸손에는 구원이 있음을 너는 항상 기억하고 행하라.

무례하고 교만한 자를 이름하여 망령된 자라 하나니 이는 넘치는 교만으로 행함이니라 잠 21:24

내 사랑하는 자야

무엇에도 유익하지 않은 호기심이라면 네 안에 품고 있지 말라. 무가치한 일로 인하여 근심하지도 말라. 뿐만 아니라 다른 사람들이 어떠하든 그들이 무엇을 하고 말하든 그것에 큰 의미를 두지 말라. 그것들이 너와 무슨 상관이 있느냐? 네게는 누군가를 위한 아무 해답도, 해결책도 없지 않느냐? 오늘 네 앞에 놓인 문제도 해결하지 못하면서 왜 자꾸 다른 사람 일에 참견하느냐? 오직 너는 나를 따르라! 보라, 나는 만민을 알고 있다. 해 아래서 일어나는 모든 일을 지켜보고 있다. 한 사람 한 사람의 문제와 마음, 감정, 그리고 그들이 원하는 것이 무엇인지도 다 알고 있다. 그러니 네 모든 것을 내게 맡기고 평안하라. 누군가에게 답을 주려 애쓰지 말고, 불안정한 사람이 곁에 있더라도 그를 책임지려 하지 말고, 오직 너는 나에게 나아오라.

길로 지나가다가 자기와 상관없는 다툼을 간섭하는 자는 개의 귀를 잡는 자와 같으니라 잠 26:17

내 사랑하는 자야 네게 영적 무기가 필요하구나. 그 이유는 네가 늘 원수에게 노출되어 살아가고 있기 때문이다. 오늘 '인내'라는 방패를 들고 사방을 경계하라. 그렇지 않으면 어느새 상처투성이가 되고 말 것이다. 내 이름을 위하여 마음을 굳게 하고 충실함으로 인내하라. 그렇지 않으면 승리의 면류관을 얻지 못할 것이다. 자, 이제 인내의 방패를 들고 내가 속한 전쟁터를 담대히 돌파하라. 나는 이기는 자에게 하늘의 양식을 줄 것이다. 내 이름으로 말미암아 세상에서 미움을 받을지라도 참고 견디어 나가라. 너는 결코 머리털 하나 상하지 않을 것이다.

너희에게 인내가 필요함은 너희가 하나님의 뜻을 행한 후에 약속하신 것을 받기 위함이라 히 10:36

내 사랑하는 자야

너는 어떠한 자이기에 죽을 사람을 두려워하며 풀 같이 될 사람의 아들을 두려워하느냐?(사 51:12) 사람은 오늘 있다가도 내일 사라지는 존재이니 사람을 두려워하지 말고 오직 나만을 경외하라. 그 누구의 말이나 행동도 너를 해할 수 없다. 만일 그러한 자가 있다면 그는 네가 아닌 바로 자기 자신을 해하는 것이다. 왜냐하면 그는 결코 나의 심판을 피할 수 없기 때문이다. 너는 다른 사람들과 옳고 그름을 따지며 다투지 말라. 끔찍한 일이나 억울하고 치욕스런 일을 당할지라도 불평하거나 성급한 행동을 함으로써 네가 받을 면류관을 스스로 놓치지 않도록 주의하라. 오직 모든 수치와 상처로부터 너를 건질 수 있는 나만을 바라보라. 각 사람의 행위를 따라 갚아 주는 나만을 의지하라.

여호와는 내 편이시라 내가 두려워하지 아니하리니 사람이 내게 어찌할까 시 118:6

내 사랑하는 자야

사탄의 계략에 맞설 만큼 강해지길 원한다면, 은총과 자비의 근원인 내게로 나아와 '거룩'을 구하라. 욥기에 기록되었듯 사탄은 나의 자녀들에게 해를 가하여 두려움을 주고 그들의 삶을 흔들어 놓는다. 만일 네가 이런 사탄의 교활한 간계를 묵과하고 믿음 위에 굳게 선 줄로 착각한다면, 반드시 넘어지고 큰 대가를 지불하게 될 것이다. 그러므로 나에게 복종하고 사탄을 대적하라. 은혜로 굳게 서라. 거룩하라! 내가 너를 온전하게 하고 굳건하게 하며 터를 견고하게 하리라.

너희는 믿음을 굳건하게 하여 그를 대적하라 벧전 5:9

내 사랑하는 자야

네가 이 세상 피조물에 집착하면 할수록 창조주의 보살핌으로부터 멀어지는 것을 느끼게 될 것이다. 반면, 스스로 주의하여 피조물에 대한 사랑을 버리면 버릴수록 은혜가 흘러넘치는 것을 경험하게 될 것이다. 네 창조 목적을 늘 기억하면서 네 자신을 통제하는 법을 훈련해나가라. 그러면 하늘의 지식에까지 닿게 될 것이다. 그러나 아무리 작은 것이라도 세상 것을 과도하게 아끼고 귀히 여긴다면, 금세 선으로부터 돌이켜져 타락하고 말 것이다. 그러므로 스스로 주의하여 조심하라. 스스로 선하다고 여기지 말라. 그것은 은혜를 가로막는 행위이다. 나는 겸손한 마음에 은혜를 부어 주는 자임을 기억하라.

그러므로 스스로 조심하여 너희의 하나님 여호와를 사랑하라
수 23:11

내 사랑하는 자야

나의 판단은 단 한 번도 틀린 적이 없다. 미련한 자의 눈에는 그렇게 보이지 않을지라도 나는 결코 실수하지 않는다. 네 판단을 신뢰하지 말고, 무언가를 결정하기 전에 먼저 나에게 나아오라. 그리하면 무슨 일을 당해도 당황해 하지 않고, 억울하게 비난을 받아도 곤란해 하지 않을 것이다. 또한 사람들이 네 옳음을 아무리 증명해 주어도 교만해지지 않을 것이다. 나의 의인은 내가 사람의 마음과 숨은 생각을 알며 사람을 외모로 판단하지 않는다는 것을 깊이 생각하면서 살아가는 자들이다. 사람의 눈에 칭찬받을 만한 일이라 할지라도 나의 판단은 사람과 다르다는 것을 명심하라. 그리하면 사람의 칭찬에 목말라하지 않고 늘 당당할 것이다.

여호와여 주는 의로우시고 주의 판단은 옳으니이다 시 119:137

내 사랑하는 자야

받은 은혜를 귀히 여기라. 은혜는 세상이 주는 위로
와 뒤섞이는 것을 허락하지 않으므로 만일 네가 은
혜 위에 은혜를 구한다면 먼저 '세상이 주는 위로'
라는 장애물을 없애라. 그리고 지금 바로 은밀한 곳
으로 가서 나를 찾으라. 내가 너를 향한 사랑으로
찾아가리라. 사람들을 찾아가 대화하려 하지 말고
골방으로 들어가 기도하라, 회개하라, 네 마음을 성
결하게 하라. 이 세상은 참으로 무가치하다. 만일
네가 나의 임재를 즐거워하는 동시에 세상에 속해
있다면, 그것은 나와 동행하지 않는다는 증거이며
세상을 통하여 기쁨을 구하는 행위이다. 너를 위로
해 주는 가족과 벗들로부터 멀어지라. 세상이 주는
모든 위로로부터 자유해지라. 나의 은총을 입은 베
드로는 그리스도의 신실한 사람들을 '나그네'와 '거
류민'이라고 부르지 않았느냐? 너는 이 땅에서 낯
선 자로 살아가면서 나의 모든 은총 안에 거하라.

여호와께서 빈궁한 자의 기도를 돌아보시며 그들의 기도를 멸
시하지 아니하셨도다 시 102:17

내 사랑하는 자야

네 본성은 약해지거나 겸손해지는 것을 매우 싫어한다. 누군가에게 복종하거나 어딘가에 종속되기를 원치 않는다. 그러나 은총은 네 본성을 억누르기 위하여 애쓴다. 육체의 소욕에 저항하고 그리스도에게 종속되기를 구하며 정복되기를 열망한다. 그리스도를 떠나 자유해지길 원치 않고 연단 받기를 원한다. 지배하는 것을 원치 않으며 오히려 겸손히 그리스도와 동행하길 원하고 모든 사람 앞에 기꺼이 자기 자신을 낮추고 엎드리길 원한다. 은총은 내가 내리는 특별한 하늘의 선물이자 택한 자에게 주어지는 합당한 표식이며 영원한 구원의 보증이다. 은총은 사람을 땅에서부터 위로 끌어올려 하늘의 것을 사랑하게 만든다. 육적인 사람을 영적인 사람으로 변화시킨다. 너는 본성을 억제하고 정복할수록 더욱 큰 은총을 받고, 그리스도의 형상으로 변화되어 속사람이 새롭게 될 것이다.

이르되 주여 내가 주께 은총을 입었거든 원하건대 주는 우리와 동행하옵소서… 출 34:9

내 사랑하는 자야

나를 향한 순전한 마음으로 네 의지를 돌이키라.
잘못된 애착으로부터 벗어나라. 세상을 미워하게
될 때에 비로소 너는 하늘의 은총을 받기에 합당한
자가 될 것이다. 나는 깨끗한 그릇을 찾을 때마다
그 안을 축복으로 채워 주고 귀히 사용한다. 지금
네가 붙들고 있는 세상 것을 내려놓고 네 자신을
철저히 미워하라. 그리하면 어느 누구보다 먼저 은
총을 받고 더 풍성히 받아 누리게 될 것이다. 그때
너는 만족해하며 영적 성장을 경험하게 될 것이다.
전심으로 나를 찾으면 스스로를 위하여 헛된 것을
구하지 않게 될 것이다. 자기의 뜻이나 안락을 위
해서가 아닌, 오직 나의 영광을 구하는 자는 은총
을 누리기에 합당하다. 나의 손이 그와 함께 하고
그가 자신을 나의 손에 의탁하였기 때문이다.

그러므로 누구든지 이런 것에서 자기를 깨끗하게 하면 귀히
쓰는 그릇이 되어 거룩하고 주인의 쓰심에 합당하며 모든 선
한 일에 준비함이 되리라 딤후 2:21

내 사랑하는 자야 지금의 시련을 받아들이기 힘들지라도 나는 네가 이 때를 인내로써 잘 견뎌나가 주기를 바란다. 더 이상 참기 어렵고 때론 분노가 치밀어 오르더라도 네 자신을 다스려 합당치 않은 말을 내뱉지 말라. 곧 시련의 폭풍우는 잠잠케 되고 네 비통한 마음도 은혜 안에 평안해질 것이다. 나는 살아 있는 하나님이다! 나는 나를 신뢰하는 자, 나를 신실하게 찾는 자를 구원해 주고 위로해 줄 것이다. 용기를 내라. 네 인생 앞에 놓여 있는 시련에 대비하라. 왜 나만 괴로운 일을 당해야 하느냐고 묻지 말라. 그렇다고 네 모든 것을 잃은 것은 아니지 않느냐? 너는 사람이지 신이 아니고, 육체를 가진 인간이지 천사가 아니다. 하늘의 천사도, 첫 사람 아담도 추락했는데 나약한 너는 어떻겠느냐? 다만 너는 네 연약함을 인정하고 나만 의지하라. 나는 자신의 약함을 아는 자들을 구원하여 거룩하게 할 것이다.

이는 너희 믿음의 시련이 인내를 만들어 내는 줄 너희가 앎이라 약 1:3

내 사랑하는 자야

단순한 호기심만으로 네가 감당할 수 없는 문제들을 파헤치지 말라. 누가 누구보다 더 거룩하고 하나님 나라에서 더 큰가와 같은 문제가 너를 겸손하게 하지도 못하고 내 이름을 높이지도 못한다면 그것이 무슨 가치가 있겠느냐? 누가 크고 누가 작은가에 대하여 논하기보다 네 자신이 얼마나 큰 죄인인지 보라. 얼마나 선을 행하지 않고 살아가는지를 깊이 생각하라. 헛된 호기심으로 경건한 자들의 비밀을 파헤치려 하지 말고 경건한 삶을 살기 위하여 애쓰라. 내가 기뻐할 일이 무엇인가를 생각하고 그것을 행하기 위하여 힘쓰라.

헛된 것을 더하게 하는 많은 일들이 있나니 그것들이 사람에게 무슨 유익이 있으랴 전 6:11

내 사랑하는 자야 너 자신을 버리라! 내 모든 것을 위하여 네 모든 것을 기꺼이 포기하라. 아무것도 구하지 말고 무엇을 돌려받겠다고 주장하지도 말라. 오직 깨끗한 마음으로 나를 믿고 따르면, 너는 나의 소유가 되고 어둠이 너를 덮치지 못할 것이다. 네 자신을 부인하기 위하여 실제적으로 힘쓰라. 이를 위하여 뜨겁게 기도하고 갈망하라. 네 안에 이기심을 버리고 네 있는 모습 그대로 나를 따르라. 자신에 대하여 철저히 죽고 나로 인하여 영원한 삶을 살아가면 모든 헛된 망상과 두려움, 근심이 사라질 것이다. 자기 자신을 부인하는 것, 그것은 참된 기쁨을 경험하는 것이다.

또 무리에게 이르시되 아무든지 나를 따라오려거든 자기를 부인하고 날마다 제 십자가를 지고 나를 따를 것이니라 눅 9:23

내 사랑하는 자야

그날 내 손은 십자가 위에 펼쳐져 있었고 몸은 발가벗겨져 있었다. 나는 네 죄를 대신하기 위하여 내 생명을 아버지께 드렸다. 사랑하는 자야, 나를 본받아라! 네 몸을 거룩한 산 제물로 드리라. 너 자신을 온전히 드리는 것, 그것이 바로 내가 원하는 것이며 그것 외에는 아무 관심이 없다. 네가 모든 것을 소유할지라도 내가 아니면 만족할 수 없듯, 나도 네가 아니면 무엇을 준다 해도 기쁘지 않기 때문이다. 나는 네가 바치는 제물이 아닌 '너 자신'을 원한다. 너 자신을 온전히 바치면 네가 재물로 드리는 것들도 받을 것이다. 보라, 나는 너를 위하여 내 자신을 온전히 바쳤다. 이제 나는 영원히 네 것이며 너는 영원히 나의 것이다.

…너희 몸을 하나님이 기뻐하시는 거룩한 산 제물로 드리라 이는 너희가 드릴 영적 예배니라 롬 12:1

내 사랑하는 자야

내가 네게 허락한 은혜에 감사하라. 그것은 네가 어떠한 자격이 있어서 받은 것이 아닌 오직 나의 긍휼을 따라 받은 것이다. 네 영혼이 메마를 때에 가슴을 치며 탄식하라. 은총의 부스러기를 얻을 때까지 포기하지 말고 나를 기다리라. 내가 네 모든 부족한 것을 채워 주리니 내가 주는 떡과 잔을 받으라. 너는 나를 필요로 하나 나는 아무것도 필요로 하지 않는다. 너는 거룩함 없이 내게로 나아오지 못하나 나는 너를 거룩하게 하기 위하여 네게로 나아갈 것이다. 너는 나의 거룩함으로 인하여 나와 연합하고 은혜 안에 새로워지며 향기로운 삶을 살게 될 것이다. 그러므로 은혜를 가볍게 여기지 말고 온 마음과 정성을 다하여 나를 맞이하라.

우리를 구원하시되 우리가 행한 바 의로운 행위로 말미암지 아니하고 오직 그의 긍휼하심을 따라 중생의 씻음과 성령의 새롭게 하심으로 하셨나니 딛 3:5

내 사랑하는 자야

원수 사탄이 조장하는 일로 인하여 번민하지도, 논
쟁하지도 말라. 오직 내 음성에만 귀를 기울이고
사탄의 속삭임에 아무 반응하지 말라. 그리하면 네
게서 달아날 것이다. 사탄은 불신자와 자기 손안에
든 죄인은 건드리지 않으나 나의 신실한 종들은 여
러 방법으로 미혹하고 고통을 준다. 그러므로 너는
나를 향한 신실함과 결코 물러서지 않는 굳센 믿음
으로 무장하라. 나를 사랑하는 마음, 낮은 마음을
품고 살아가라. 이해할 수 없는 문제는 나에게 맡
기고 그것들에 미혹되지 말라. 자기 자신을 지나치
게 신뢰하는 사람은 사탄에게 쉽게 속아 넘어가나
나를 신뢰하는 자는 내가 반드시 건져줄 것이다.
나는 진실한 자와 동행하고 겸손한 자에게 나를 나
타내며 정결한 자에게 깨달음의 빛을 비춰 줄 것이
나 의심 많고 교만한 자에게는 나의 은총을 숨길
것이다.

자녀들아 아무도 너희를 미혹하지 못하게 하라 요일 3:7

내 사랑하는 자야
고난 가운데 있을 때에 초조해 하거나 우울해 하지
말라. 언제라도 나는 너를 회복시킬 수 있으며 네
모든 슬픔을 기쁨으로 변화시킬 수 있다. 네 걸음
을 인도하는 나는 완전하며 찬양받기에 합당하도
다. 만일 네가 바른 판단을 하고 진리 가운데 거한
다면, 고난으로 인하여 낙심해 하거나 슬퍼하지 않
을 것이다. 내가 어떠한 위로나 쉼을 주지 않더라
도 기뻐하고 감사할 것이다. 생각해 보아라. 나는
"아버지께서 나를 사랑하신 것 같이 사랑하는"(요
15:9) 제자들을 기쁨이 아닌 큰 고통 속으로, 영예
가 아닌 수치 속으로, 여유로움이 아닌 고된 노동
속으로, 안식이 아닌 인내로 열매를 맺어야 하는
곳으로 보내지 않았느냐? 사랑하는 자야, 고난 가
운데 내가 사랑하는 제자들을 어떻게 대하였는지
를 기억하고 너도 그렇게 행하라.

만일 그리스도인으로 고난을 받으면 부끄러워하지 말고 도리
어 그 이름으로 하나님께 영광을 돌리라 벧전 4:16

내 사랑하는 자야

다른 사람들을 위해서는 네 모든 것을 내어주고 네 자신을 위해서는 아무것도 남겨 두지 말라. 이 세상에서 자기 사랑이 얼마나 해로운지 잘 알고 있지 않느냐? 네가 무언가에 애정을 쏟으면 쏟을수록 그것에 집착하게 되고 매이게 될 것이다. 남의 것을 탐하지 말라. 너를 해치고 네 자유를 빼앗는 것이라면 아무것도 소유하지 말라. 온 마음으로 나를 찾고 나와 동행하기를 갈망하라. 사랑하는 자야, 그런데 왜 그렇게 하지 않느냐? 왜 허무감에 빠져서 슬퍼하고 있느냐? 왜 불필요한 걱정으로 녹초가 되어 있느냐? 나의 의지에 네 모든 것을 맡기고 평안하라.

세상의 염려와 재물의 유혹과 기타 욕심이 들어와 말씀을 막아 결실하지 못하게 되는 자요 막 4:19

내 사랑하는 자야 내게 순종하지 않으면 네 인생에서 가장 위험한 적은 바로 '너' 자신이 될 것이다. 네가 살 길은 철저히 네 자신을 경멸하는 것이다. 그러나 여전히 너는 네 자신을 가장 사랑하는구나. 너무 사랑해서 육신이 원하는 것을 내려놓지 못하고 어느 누구도 신뢰하지 못하는구나. 자기 사랑에 빠진 자여, 무(無)로부터 모든 만물을 창조한 나도, 가장 존귀하며 전지전능한 나도 하늘 영광을 버리고 인간이 되었음을 기억하라. 그러면 네가 어떻게 나의 뜻에 복종하는 것을 고민할 수 있겠느냐? 이제 나는 네 교만을 나의 겸손으로 정복할 것이다! 이를 위하여 내가 먼저 모든 사람 중에 가장 비천하고 낮은 자가 되었도다.

그러므로 너희는 죄가 너희 죽을 몸을 지배하지 못하게 하여 몸의 사욕에 순종하지 말고 롬 6:12

내 사랑하는 자야

네 영혼에 가장 안전하고 유익한 것은 네가 바라는 대로 성공하는 것이 아닌, 오히려 어려운 시험을 당하는 것이다. 나는 성공한 삶이 아닌 거룩한 삶을 기뻐하기 때문이다. 한 사람의 진정한 가치는 그가 가진 비전이나 성경 지식, 또는 지위나 성공의 여부로 매겨지는 것이 아니다. 오히려 그가 얼마나 겸손하고 거룩한지, 얼마나 선한 일을 행하는지, 얼마나 순결한지, 얼마나 자기 자신을 미워하는지, 얼마나 나의 영광을 구하며 살아가는지, 얼마나 세상의 영광을 멸시하며 살아가는지에 달려 있다. 사랑하는 자야, 그렇다면 네 가치는 어떻게 매겨지겠느냐?

사랑하는 자들아 너희는 너희의 지극히 거룩한 믿음 위에 자신을 세우며… 유 1:20

내 사랑하는 자야 네가 쾌락을 위하여 이것저것을 구하고 이곳저곳을 다닌다 할지라도 진정한 안식을 얻을 수 있겠느냐? 염려로부터 자유로워질 수 있겠느냐? 오히려 네가 그토록 원하는 바로 그것, 바로 그곳으로 인하여 더욱 괴로워지게 될 것이다. 쾌락을 주는 것이 아무리 많더라도 네게 아무 도움이 되지 못할 것이다. 그러나 나는 다르다! 네가 세상이 주는 쾌락을 경멸하고 마음에서 쫓아내면, 너를 찾아가 도와줄 것이다. 참으로 돈, 부요, 명예에 대한 목마름과 세상의 칭찬은 쉬이 지나가 버리는 것이다. 네가 진리에 뿌리 박혀 있지 않으면 그 어떤 평화가 찾아와도 오래가지 못할 것이다. 네 마음이 나를 향하여 있지 않으면 네 형편은 점점 더 나빠질 것이다. 다른 곳으로 도망가더라도 회피한 상황 그대로 겪을 것이다. 아니, 더 나쁜 상황을 겪을지도 모른다. 그러니 세상이 주는 쾌락은 단 1초라도 네게 허락하지 말라.

내 나라는 이 세상에 속한 것이 아니니라… 요 18:36

내 사랑하는 자야

네 자신을 십자가에 못 박고 세상에 대하여 죽은
자처럼 살아가라. 세상에서 일어나는 수많은 사건
들로부터 네 눈과 귀를 닫고 생명과 평안을 주는
일을 생각하라. 너를 불쾌하게 만드는 모든 것으로
부터 네 시선을 거두라. 사람들의 말다툼에 끼어
들지 말라. 다른 누군가의 뜻을 꺾으려 애쓰지 말
고 그를 내버려두라. 네가 내 안에 거하고 나의 심
판을 믿는다면 누군가가 너를 앞서더라도, 네가 큰
손해를 입거나 오해를 살지라도 평안할 수 있을 것
이다. 네게 닥치는 많은 어려움들이 오히려 얼마나
유익한지 깨달을 수 있을 것이다.

…그리스도로 말미암아 세상이 나를 대하여 십자가에 못 박히
고 내가 또한 세상을 대하여 그러하니라 갈 6:14

내 사랑하는 자야

훗날 네가 내 이름을 위하여 수고한 일의 열매와 받을 상을 그려 보아라. 그날에는 모든 슬픔이 사라지고 모든 인내에 대한 확실한 보상과 위로를 받을 것이다. 오늘 이 땅에서 네 뜻을 포기하면, 천국에서 네 뜻을 마음껏 펼치며 바라는 것들을 모두 얻을 것이다. 모든 좋은 것을 소유하고 그것을 잃을까 봐 걱정하지 않을 것이다. 네 뜻이 내 뜻과 하나 될 것이다. 너는 나 외에 다른 어떤 것도 구하지 않을 것이다. 아무도 너를 반대하지 않고 네게 불평하지 않을 것이다. 아무도 너를 훼방하지 않고 네 길을 막지 않을 것이다. 네가 원하는 모든 것이 이뤄질 것이다. 나를 사랑하는 마음이 끊임없이 채워지고 그것으로 인하여 만족할 것이다. 사랑하는 자야, 천국에서의 그날을 소망하며 오늘을 기쁘게 살아가라.

여호와께서 나를 위하여 보상해 주시리이다 시 138:8

내 사랑하는 자야

지금보다 영적으로 더 성숙해지기를 원하느냐? 그렇다면 네 자신과 세상을 향한 은밀하고도 무절제한 사랑을 과감하게 도끼로 찍어내라. '자기 사랑'이라는 죄의 사슬을 확실하게 끊어내라. 그리하면 비로소 네 자신을 다스리고 평안을 누릴 수 있을 것이다. 그러나 슬프게도 내 안에서 온전히 죽길 원하는 자가 너무도 적구나. 스스로에게 얽매여 더 이상 영적으로 자라지 못하는 자가 너무도 많구나. 만일 네가 나와 함께 동행하길 원한다면, 세상을 향한 그 무절제한 사랑과 행동을 억누르라. 네 자신을 향한 이기적인 사랑에 집착하지 말라. 어떠한 피조물도 마음에 품지 말라.

이는 세상에 있는 모든 것이 육신의 정욕과 안목의 정욕과 이생의 자랑이니 다 아버지께로부터 온 것이 아니요 세상으로부터 온 것이라 요일 2:16

내 사랑하는 자야 내가 행하는 심판이나 행하는 숭고한 일에 대하여 감히 논하거나 논쟁하지 말라. 왜 이 사람은 버림을 받고 왜 저 사람은 사랑을 받는지, 왜 이 사람은 고통 가운데 있고 왜 저 사람은 높은 자리에서 누리며 사는지에 대하여 따지거나 분해하지 말라. 만일 이러한 문제로 사탄이 너를 건들거나 누군가를 통하여 논쟁하려 든다면, 옛 선지자의 말을 인용하여 이렇게 선포하라. "주는 의로우시고 주의 판단은 옳습니다"(시 119:137). "여호와의 법은 진실하여 다 의롭습니다"(시 19:9). 나의 판단은 사람의 어떠한 판단과 논쟁으로도 측량할 수 없는 것이다. 나의 정의도 그러하다. 그러므로 너는 나의 판단 앞에 잠잠하라. 나의 심판을 존중히 여기라.

그는 여호와 우리 하나님이시라 그의 판단이 온 땅에 있도다
시 105:7

내 사랑하는 자야

네 본성은 영원하지 못할 부와 세상이 주는 기쁨에 주목하고 조금이라도 손해를 보거나 비방을 받으면 슬퍼하고 분노한다. 그러나 은총은 영원하지 않은 것에 집착하지 않고 영원한 것을 바라보며 비방을 받아도 노여워하지 않는다. 그렇게 할 수 있는 이유는 영원한 하늘의 보화를 쌓아 두었기 때문이다. 본성은 탐욕스러워서 더 많은 것을 소유로 삼고 싶어 한다. 그러나 은총은 친절하고 너그러워서 개인의 유익을 구하지 않고 작은 것에 만족하며 받는 것보다 주는 것이 복되다는 것을 안다. 본성은 자신의 육체와 피조물들, 금세 사라지는 것들에 마음을 쏟는다. 그러나 은총은 그리스도의 아름다운 성품을 드러내고 피조물에 마음을 빼앗기지 않으며 육체의 소욕을 부인하고 자신을 속박하며 사람들 앞에 드러나는 것을 부끄러워한다. 사랑하는 자야, 나의 은총을 구하라. 내가 네 뿔을 높이리라.

…우리의 뿔이 주의 은총으로 높아지오리니 시 89:17

11

하나님 나라, 기적, 위로를 원하는 사람은 많으나
자기 십자가를 지고 그분을 따르는 사람은 많지 않습니다
믿음은 당신의 소원을 들어주는 창구가 아닙니다
그분의 소원을 따라 좁은 길을 걷는 행함으로 나타납니다

뜻을 정하여 나아가는 11월의 고백

회개

감사

간구

순종

내 사랑하는 주님

'인간은 진실하지 않다'는 것을 점점 더 절실히 깨닫고 있습니다. 저 역시 마찬가지입니다. 거짓되고 나약하며 특히 말에 실수가 많습니다. 이런 저만 보아도 사람의 말을 쉽게 믿어서는 안 된다는 결론이 나옵니다. 그러나 우리 주님은 아무도 속이지 않으시며 아무에게도 속지 않으시는 유일하신 분입니다. 주님은 이미 우리에게 경고하셨습니다. "보라 그리스도가 여기 있다 보라 저기 있다 하여도 믿지 말라"(막 13:21). 또한 사람의 원수가 자기 집안 식구(마 10:36)라고도 말씀하셨습니다. 주님, 이제 저는 사람들의 말에 휘둘리지도, 그 말을 맹신하지도 않을 것입니다. 늘 진리 안에 거함으로 거짓을 멀리하고 미워할 것입니다.

…거짓을 말할 때마다 제 것으로 말하나니 이는 그가 거짓말쟁이요 거짓의 아비가 되었음이라 요 8:44

내 사랑하는 주님

제게 성령을 부어 주소서. 제 마음을 강하게 붙들어 주소서. 헛된 걱정과 염려로부터 해방시켜 주소서. 값비싼 것이든 보잘것없는 것이든 제 안에 있는 모든 소유욕을 버리게 하소서. 모든 것이, 심지어 제 자신마저도 잠깐이면 지나가는 덧없는 것임을 깨닫게 하소서. 해 아래 영원한 것은 아무것도 없습니다. 새 것도 없습니다. 세상의 모든 것이 무상하며 영혼에 짐이 될 뿐입니다. 이것을 깨달은 자가 있다면, 그는 진정 지혜로운 자입니다! 주님, 이 헛되고 헛된 인생을 어떻게 살아가야 할까요? 오직 주님만이 제가 살아가야 할 단 하나의 목적이 되어 주소서.

내가 해 아래에서 행하는 모든 일을 보았노라 보라 모두 다 헛되어 바람을 잡으려는 것이로다 전 1:14

내 사랑하는 주님

제 자신을 사랑하는 것이 오히려 제 자신을 망치는 것임을 깨달았습니다. 이제 저는 주님만을 찾으며 주님만을 사랑하리라 고백합니다. 주님과 더욱 친밀해지기를 간절히 원합니다. 제가 낮아지고 더 낮아져 "나는 아무것도 아닙니다"라고 외치게 하여 주소서. 주님만을 위하여 살게 하여 주소서. 비록 주님께 아무 유익도, 아무 가치도 없는 존재이지만, 주님은 선인과 악인 모두를 돌봐주시는 분이오니, 저를 불쌍히 여기사 주의 사랑을 의지하게 하소서.

나는 오직 주의 사랑을 의지하였사오니 나의 마음은 주의 구원을 기뻐하리이다 시 13:5

내 사랑하는 주님

주님은 제가 태어나기도 전에 저를 택하여 주셨고, 심지어 제가 죄 가운데 있을 때에도 저를 그 곁으로 불러 주셨습니다. 이처럼 저는 끊임없이 솟아나는 샘물과 같은 주님의 사랑을 경험하면서 살아가고 있습니다. 사랑하는 주님, 저는 주님 없이 한순간도 살 수 없습니다. 어떻게 하면 제가 주님께 받은 은혜를 다 갚을 수 있을까요? 모든 것을 버리고 모든 인연을 끊고 세상을 등지면 가능할까요? 그러나 주님은 이것을 원치 않으십니다. 주님은 제가 특별한 환경에서가 아닌 평범한 일상에서부터 주님께 감사하며 순종하기를 원하시며 그렇게 살아갈 수 있도록 인도하여 주십니다.

내가 날 때부터 주께 맡긴 바 되었고 모태에서 나올 때부터 주는 나의 하나님이 되셨나이다 시 22:10

내 사랑하는 주님

주께서 인도해 주지 않으시면 제 모든 지혜는 사라질 것입니다. 주께서 보호해 주지 않으시면 저는 용기 내어 무언가를 할 수 없을 것입니다. 주께서 보살펴 주지 않으시면 저는 순결을 지킬 수 없을 것입니다. 거룩한 파수꾼이신 주께서 지켜 주지 않으시면 제가 지키는 모든 경계는 무너질 것입니다. 주께서 떠나가시면 저는 생명을 잃을 것입니다. 그러나 저와 함께 해 주시면 영원한 생명을 얻을 것입니다. 죄인인 저는 이토록 위대하신 주님을 바라보며 '얼마나 복종해야 하는가'를 끊임없이 생각합니다.

너희가 여호와께서 행하신 이 모든 큰일을 너희의 눈으로 보았느니라 신 11:7

내 사랑하는 주님

주의 임재 안에서 부정한 생각을 하지 않겠습니다. 어떤 피조물에게도 마음을 빼앗기지 않겠습니다. 주님만을 갈망하겠습니다. 제 안에 모시길 원하는 분은 오직 주님이시기 때문입니다. 그토록 거룩하게 여긴 언약궤도 순결하고 아름다우신 그리스도와 감히 비교할 수 없습니다. 율법이 정한 대로 드렸던 제사도 자신의 몸을 드려 한 영원한 제사를 드리신 그리스도와 감히 비교할 수 없습니다. 그러나 지금 저는 전과 다르게 주님의 거룩한 임재를 뜨겁게 갈망하지 않고 있습니다. 온 힘 다해 주님을 예배한 거룩한 족장들과 예언자들, 왕들과 왕족뿐 아니라 그들과 함께 한 모든 이들처럼 열정적으로 주를 바라지 않고 있습니다. 제게 주님을 갈망하는 마음을 부어 주소서. 주를 향한 첫사랑을 회복시켜 주소서.

내 영혼이 하나님 곧 살아 계시는 하나님을 갈망하나니… 시 42:2

내 사랑하는 주님

주님의 사랑은 참으로 위대합니다. 그 사랑은 모든 어려움을 극복하게 해 주고 모든 잘못된 것을 바로잡아 줍니다. 모든 무거운 짐을 가볍게 해 주고 모든 쓴 것을 달게 변화시켜 줍니다. 주님의 고귀한 그 사랑은 제가 완전함을 향하여 나아가도록 격려해 줍니다. 그 사랑은 저를 높이 비상하게도 하지만 곤두박질치더라도 능히 감당할 수 있도록 붙잡아 줍니다. 그 사랑은 세상을 향한 집착으로부터 자유롭게 해 줍니다. 그 강력한 사랑은 제 눈을 열어 욕망으로 흔들리지 않도록 붙들어 주고 역경을 이겨내도록 힘을 줍니다. 사랑하는 주님, 저는 그 사랑이 있기에 오늘도 살아갈 수 있습니다.

…그가 너로 말미암아 기쁨을 이기지 못하시며 너를 잠잠히 사랑하시며 너로 말미암아 즐거이 부르며 기뻐하시리라 하리라 습 3:17

내 사랑하는 주님

주님은 모든 강함과 아름다움 위에 계십니다. 모든 명예와 영광 위에 계십니다. 모든 능력과 위엄 위에 계십니다. 모든 지식과 지혜 위에 계십니다. 모든 기쁨과 명성 위에 계십니다. 모든 소망과 언약 위에 계십니다. 모든 공적과 은사 위에 계십니다. 모든 천사들과 하늘의 군대 위에 계십니다. 눈에 보이는 모든 것과 보이지 않는 모든 것 위에 계십니다. 제가 이 모든 것 위에 계신 완전하신 주님께 나아가 쉬기를 원합니다. "내 영혼아, 모든 것 위에 계시고 모든 것 안에 계시는 주만 의지하라! 오직 그분만이 영원한 안식처로다."

여호와를 경외하는 자에게는 견고한 의뢰가 있나니 그 자녀들에게 피난처가 있으리라 잠 14:26

내 사랑하는 주님

악한 대적은 제 삶의 곳곳마다 진을 치고 기다리고 있습니다. 근심과 불행, 고통과 유혹은 끊임없이 저를 찾아옵니다. 어려운 고난을 가까스로 이겨내면 이내 또 다른 불행과 유혹이 달려들고, 이미 극심한 고통 가운데 있는데 예기치 않은 또 다른 고통이 더해지기도 합니다. 주님, 고난과 불행의 지배를 받는 듯한 이 험악한 인생을 어떻게 살아낼 수 있을까요? 부디 제 인생이 비참한 육신으로 끝나지 않도록 긍휼을 베풀어 주소서. 호흡이 다할 때까지 원수와 대항하여 싸우게 하소서. 악한 영에 지배를 받지 않게 하소서. 저 천국에 이를 때까지 저를 붙들어 주소서.

내 영혼에게 가까이하사 구원하시며 내 원수로 말미암아 나를 속량하소서 시 69:18

내 사랑하는 주님
제 마음이 오직 주의 율례를 향하게 하소서. 주의
명령을 따라 살아가도록 가르쳐 주소서. 우리 모두
에게, 그리고 각 사람에게 내려주신 주의 은총을
기억하며 감사하게 하소서. 주의 이름에 합당한 영
광을 돌리게 하소서. 주의 선하심과 인자하심을 선
포하게 하소서. 아무 가치도, 아무 이로움도 없는
제게 베풀어 주신 주의 인자하심이 제 영혼을 사로
잡습니다. 주의 이름이 온 땅에 어찌 그리 아름다
운지요. 제가 영원히 주께 감사하고 성도들 앞에서
주의 선하신 이름을 노래하리이다.

여호와 우리 주여 주의 이름이 온 땅에 어찌 그리 아름다운지
요 시 8:9

내 사랑하는 주님

주의 밝은 빛으로 제 안의 모든 어두움을 물리쳐 주소서. 제 안에 방황하는 생각들을 바로잡아 주소서. 극렬하게 공격해 오는 유혹들을 물리쳐 주소서. 육체의 소욕을 정복시켜 주소서. 사탄을 주의 발아래 상하게 하소서. 그래서 마침내 제가 주의 권능으로 평화를 누리고 주의 거룩한 성소에서 소리 높여 주를 찬양하게 하소서. 주님, 저를 향하여 거칠게 몰려오는 바다를 향하여, 바람과 폭풍우를 향하여 "잠잠하라, 고요하라!"라고 꾸짖어 주소서. 그러면 곧 잔잔해지리이다.

예수께서 깨어 바람을 꾸짖으시며 바다더러 이르시되 잠잠하라 고요하라 하시니 바람이 그치고 아주 잔잔하여지더라 막 4:39

내 사랑하는 주님

영원하신 주의 사랑으로 이끌어 주소서. 모든 육신의 쾌락을 거부할 수 있도록 도와주소서. 죄를 짓게 만드는 모든 유혹으로부터 멀어지게 하소서. 혈과 육이 저를 다스리지 못하게 하소서. 제가 세상의 덧없는 영광에 속아 넘어가지 않게 하소서. 사탄의 악한 궤계에 빠지지 않게 하소서. 악에 저항할 수 있는 용기와 인내, 그리고 힘을 주소서. 세상의 위로와 육체적 사랑 안에 머물지 않게 하소서. 오직 주님의 임재 안에 제 심령을 안정시켜 주시고 주의 이름을 사랑하게 하소서.

이는 우리로 사단에게 속지 않게 하려 함이라 우리가 그 궤계를 알지 못하는 바가 아니로라 고후 2:11

내 사랑하는 주님

제게 하늘의 지혜를 허락하사 오직 주님만을 구하고 찾는 방법을 가르쳐 주소서. 그리하시면 저는 인생에서 무엇이 가장 중요한지 분별하고, 악한 일에 동참하지 않을 것입니다. 지혜롭게 행하여 세월을 아낄 것입니다. 사람들의 말에 흔들리지 않고, 아첨하는 소리에 귀를 기울이지 않을 것입니다. 세상의 성공이나 쾌락에 취하지 않을 것입니다. 그 무엇보다 십자가의 좁은 길을 끝까지 걸어갈 수 있을 것입니다. 사랑하는 주님, 세상에서 지혜 있는 자로 기억되지 않고, 오직 주님께 지혜 있는 자로 인정받기를 원합니다.

···너희 중에 누구든지 이 세상에서 지혜 있는 줄로 생각하거든 어리석은 자가 되라 그리하여야 지혜로운 자가 되리라 고전 3:18

내 사랑하는 주님 제가 이 죄인을 위하여 생명을 내어주신 주님께 무엇을 더 원할 수 있겠습니까? 어떤 기쁨을 더 구할 수 있겠습니까? 나의 모든 것 되시는 주님, 저는 주님이 함께 하시면 모든 것이 기쁘고, 주님이 함께 하지 않으시면 모든 것이 고통스럽습니다. 주님만이 제 마음을 평온케 해 주시며 평안과 기쁨을 주십니다. 선한 생각을 하게 해 주시고 주님을 찬양하도록 인도해 주십니다. 만약 제 안에 기쁨이 넘친다면, 분명 그 안에는 주님의 은총이 담겨 있고, 하늘의 지혜가 깃들어 있을 것입니다. 사랑하는 주님, 주 안에서 기쁨을 누리는 자가 어찌 불만을 품을 수 있겠습니까? 주 안에서 기쁨을 누리지 못하는 자가 어찌 만족할 수 있겠습니까? 주님은 우리의 모든 기쁨이시며 만족이십니다!

나는 여호와로 말미암아 즐거워하며 나의 구원의 하나님으로 말미암아 기뻐하리로다 합 3:18

내 사랑하는 주님

이 세상에 자기 자신을 희생하면서까지 영적 삶을 추구하는 사람이 얼마나 될까요? 썩어 없어질 세상과 자신을 구별하여 거룩하게 살아가는 사람이 얼마나 될까요? 이 세상이 아무리 악할지라도 주를 믿는 성도는 거룩해야 합니다. 모든 피조물로부터 자유하고 주님과 온전히 연합해야 합니다. 이를 위하여 저는 주의 은총을 갈망하며 구합니다. 세상의 모든 지식과 소유는 진정 아무 소용없습니다. 만일 제가 이 땅에서 영원하시고 선하신 주님 외에 다른 무언가를 원한다면 그것은 스스로 가장 비참한 선택을 하는 것입니다. 진정 예수 그리스도 외에 다른 모든 것은 무가치합니다!

자기의 육체를 위하여 심는 자는 육체로부터 썩어질 것을 거두고 성령을 위하여 심는 자는 성령으로부터 영생을 거두리라
갈 6:8

내 사랑하는 주님

다윗 왕은 주의 언약궤 앞에서 힘을 다하여 춤을 추었습니다. 그는 여러 악기를 만들어 자신이 지은 수많은 시편으로 즐거이 찬양하였고, 성령의 감동으로 수금을 탔습니다. 또한 백성들이 소리 높여 찬양하도록 인도하였습니다. 주님, 당시 다윗과 백성들은 언약궤 앞에서 매일같이 주님을 찬양하고 경배하였는데, 지금 저는 어떻습니까? 제 안에 그리스도를 모시고 있습니까? 영과 진리로 예배하고 있습니까? 주님, 저는 더 이상 경박함, 호기심, 본능을 따라 행동하고 싶지 않습니다. 오직 견고한 믿음, 거룩한 소망, 신실한 사랑을 따라 행하길 원합니다! 그것이 저를 그리스도께로 인도하여 예배의 문을 열어 줄 것입니다.

다윗이 여호와 앞에서 힘을 다하여 춤을 추는데 그 때에 다윗이 베 에봇을 입었더라 삼하 6:14

내 사랑하는 주님

공허한 대지와도 같은 제게 주의 빛을 비춰 주소서. 위로부터 오는 하늘의 은총을 내려주소서. 하늘의 이슬로 적셔 주소서. 정결한 샘을 여사 선한 열매를 맺게 하소서. 죄로부터 구원하사 모든 소원을 하늘에 두게 하소서. 이 땅에서 천국을 경험하게 하사 이 세상에서 기쁨을 구하지 않게 하소서. 찰나에 지나가 버리고 마는 피조물의 위로로부터 건져 주소서. 어떤 피조물도 평안과 만족을 주지 못하며 주님 없이는 무가치할 뿐입니다. 주의 사랑의 줄로 나를 굳게 매소서. 주를 사랑하는 자에게 한량없는 주의 사랑을 베풀어 주소서.

진실로 생명의 원천이 주께 있사오니 주의 빛 안에서 우리가 빛을 보리이다 시 36:9

내 사랑하는 주님

어떠한 방해도, 위험도 없는 그날은 언제 오나요? 온전한 평화와 안식을 누릴 수 있는 그날은 언제 오나요? 사모하는 주님을 뵈올 그날은 언제 오나요? 주의 빛나는 왕국을 맞이할 그날은 언제 오나요? 주님이 제 모든 것이 되어 주실 그날은 언제 오나요? 사랑하는 자녀들을 위하여 영원 전부터 준비하신 천국에서 주와 함께 살아갈 그날은 언제 오나요? 주님, 지금 저는 전쟁이 끊이지 않고 고통으로 물든 원수의 땅에서 버려진 자처럼 살아가고 있습니다. 부디 저를 위로하여 주소서. 제 모든 소망이 주께 있사오니 이 오랜 슬픔을 달래 주소서. 오늘도 간절히 주님이 오실 그날을 사모하며 기다립니다.

하나님의 날이 임하기를 바라보고 간절히 사모하라 벧후 3:12

내 사랑하는 주님

제가 무엇이기에 그 귀하신 몸을 내어주셨나요?
어찌 이 더러운 죄인 앞에서 자신을 낮추셨나요?
주의 선하심과 인자하심, 그 영원하신 사랑을 찬양
하며 주께 엎드려 경배합니다. 저는 아무 공로 없
습니다. 오직 주께서 행하셨습니다. 사랑하는 주
님, 주의 십자가를 제 마음 깊이 새기며 그 겸손하
신 본을 따르겠습니다. 제 평생에 주님의 기쁨이
되길 원합니다. 주께서 원하시는 뜻을 이룰 수 있
는 사람이 되길 원합니다. 이를 위하여 제 더러운
죄가 주께로 나아가는 길을 가로막지 않도록 지켜
주시고, 제가 늘 주 앞에 엎드려 죄를 자복하게 하
소서.

우리가 아직 죄인 되었을 때에 그리스도께서 우리를 위하여
죽으심으로 하나님께서 우리에 대한 자기의 사랑을 확증하셨
느니라 롬 5:8

내 사랑하는 주님

고된 일에 지쳐 눈물이 납니다. 죄의 짐이 무거워 마음이 괴롭습니다. 불타오르는 정욕으로 인하여 마음이 괴롭고 혼란스럽습니다. 주님, 누가 저를 이 사망에서 건져줄 수 있을까요? 가족도, 친구도, 스승도, 그 어느 누구도 저를 구원해 줄 수 없습니다. 오직 주님만이 구원자 되십니다. 사랑하는 주님, 영원한 생명으로 인도하시는 주님께 제 모든 것을 의탁하오니, 지쳐 쓰러져 있는 저를 일으키사 그 한없는 품에 다시 품어 주소서. 제 눈물을 닦아 주소서. 꺼져가는 제 헌신의 열정에 불을 다시 지펴 주소서.

이는 보좌 가운데에 계신 어린양이 그들의 목자가 되사 생명수 샘으로 인도하시고 하나님께서 그들의 눈에서 모든 눈물을 씻어 주실 것임이라 계 7:17

내 사랑하는 주님

이 땅에서 일어나고 있는 일들을 보소서. 사람들은 자기가 조금만 손해를 보면 통곡합니다. 세상 것을 얻기 위하여 애쓰고 초조해 합니다. 무가치한 것들을 구합니다. 누구 하나 죽어가는 영혼에 대하여 마음 쓰지 않습니다. 세상을 좇느라 진짜 필요한 천상의 것을 구하지 않습니다. 자신의 세상을 지켜 내기 위하여 자신의 영혼을 어둠 가운데로 몰아냅니다. 만약 그들이 이 어리석음을 영영 깨닫지 못하고 거기서 헤어 나오지 못한다면, 세상과 함께 멸망할 것입니다. 주님, 그들을 깨워 주소서. 어두워진 눈을 밝혀 주소서. 그들이 자기 손으로 만든 모든 우상을 스스로 깨트리게 하소서.

이스라엘 자손들아 너희는 심히 거역하던 자에게로 돌아오라
사 31:6

내 사랑하는 주님

오직 주님만이 제 사랑의 대상이시며 제가 가장 원하는 분이십니다. 주 앞에 나아가 발을 씻겨 드린 마리아처럼 저도 제 눈물로 주의 발을 씻겨 드리기를 원합니다. 그러나 제 마음의 소원과 달리, 지금 제 안에 거룩한 눈물이 다 마른 것 같습니다. 믿음이 다 사라져버린 것 같습니다. 주님을 뜨겁게 갈망하지 않습니다. 주님, 제가 이 연약한 믿음으로 어찌 주를 뵈올 수 있을까요? 다만 믿음의 주요 온전하게 하시는 주를 바라보리라 다짐하며 주께 나아갑니다. 나의 믿음 없는 것을 도와주소서. 주의 영원한 진리로 붙들어 주소서.

믿음의 주요 또 온전하게 하시는 이인 예수를 바라보자… 히 12:2

내 사랑하는 주님

'성직자'라는 이름이 얼마나 위대하고 영광스러운 지요. 그들은 거룩한 언어로 왕이신 주님을 높이며 찬양합니다. 그들의 가장 큰 직무는 주님을 전하는 것입니다! 그렇다면 그들의 손은 얼마나 깨끗하고, 그들의 입술은 얼마나 순결해야 할까요? 거룩하신 창조주를 모시는 그들의 마음은 얼마나 정결해야 할까요? 주의 종은 거룩해야 합니다. 선하고 유익한 말을 하고 항상 깨어 있어야 합니다. 하늘을 향하여 거룩한 손을 들고 주님을 맞이해야 합니다. 율법은 그들에 대하여 이렇게 기록하고 있습니다. "너희는 나에게 거룩할지어다"(레 20:26). 주님, 이 땅의 성직자들이 깨끗하고 선한 양심으로, 경외함과 신실함으로 주의 일을 감당하게 하소서. 행위가 거룩하지 못할 때에 통회하게 하시고 겸손하고 선한 마음으로 주를 뜨겁게 섬기게 하소서.

너희는 나에게 거룩할지어다 이는 나 여호와가 거룩하고 내가 또 너희를 나의 소유로 삼으려고 너희를 만민 중에서 구별하였음이니라 레 20:26

내 사랑하는 주님 제 마음을 활짝 열고 주께로 나아갑니다. 제가 주님을 발견할 수 있도록 인도하여 주소서. 제가 어느 누구에게도, 어떤 피조물에도 동요되지 않고 오직 주님만을 찾게 하소서. 마음의 간절한 소망을 따라 간구하오니 제가 세상의 모든 것으로부터 돌이켜 주님과 온전히 연합하게 하소서. 그 연합 안에 제 자신이 온전히 사라지기를 소원합니다. 오직 제 안에 그리스도만이 사시기를 원합니다. 사랑하는 연인이 대화하듯, 절친한 벗이 우정을 나누듯 그렇게 주님과 친밀해지기를 원합니다.

또 여호와와 연합하여 그를 섬기며 여호와의 이름을 사랑하며 그의 종이 되며… 사 56:6

내 사랑하는 주님

주의 은혜로 살아가는 이 비천한 자를 받아주소서.
주는 나의 구원이시요 구속자이십니다. 나의 소망
이시요 힘이시며 영광이십니다. 이 시간, 겸손히
주님을 맞이하길 원합니다. 삭개오처럼 주님을 모
시길 원합니다. 사랑하는 주님과 하나 되기를 갈망
합니다. 주님이 아니시면 저는 그 무엇으로도 위로
받을 수 없습니다. 주님이 만나주지 않으시면 제
존재는 아무것도 아닙니다. 제가 행하고 바라는 모
든 것이 주님 안에 있기 때문입니다. 오직 나의 복
은 주님뿐입니다!

내가 여호와께 아뢰되 주는 나의 주님이시오니 주 밖에는 나
의 복이 없다 하였나이다 시 16:2

내 사랑하는 주님

주의 구원을 바라며 간청하오니 제 안에 감추어진 모든 더러움을 드러내 주소서. 이 세상에서 가장 비천한 모습으로 주께 나아가오니 한량없는 은총과 자비를 베푸사 이 죄인을 받아주소서. 주의 보혈로 저를 덮어 주소서. 주의 사랑의 불로 제 얼어붙은 마음을 녹여 주소서. 주의 임재 안에 제 무지를 깨우쳐 주소서. 괴로움뿐인 세상으로부터 돌이키게 해 주소서. 세상을 미워하고 멀리하게 해 주소서. 제 마음이 더 이상 땅의 것들로 방황하지 않게 붙들어 주소서. 지금부터 영원까지 오직 주만이 제 만족이 되어 주소서.

…우리의 만족은 오직 하나님으로부터 나느니라 고후 3:5

내 사랑하는 주님

이제 더 이상 제 삶에 주님의 부재를 느끼고 싶지 않습니다. 주님 없는 삶의 목마름과 굶주림을 또다시 경험하고 싶지 않습니다. 저는 주님 없이 한시도 살아갈 수 없습니다! 주님, 제 안에 임재하여 주소서. 바로 이곳에 속히 임하여 주소서. 그 풍성한 사랑으로 저를 이끌어 주소서. 주를 경외함으로 경배하게 하소서. 저는 이 세상에서 가장 뜨거운 열망을 가진 단 한 사람처럼 전심으로 주님을 갈망합니다.

오직 나는 주의 풍성한 사랑을 힘입어 주의 집에 들어가 주를 경외함으로 성전을 향하여 예배하리이다 시 5:7

내 사랑하는 주님 입술로는 주님을 경외한다고 고백하면서 불타오르지 않는 메마른 신앙생활을 하게 될까 봐 두렵습니다. 좋은 설교를 많이 들으면서 그 말씀대로 살지 않을까 봐 두렵습니다. 말씀을 깨닫고 고개를 끄덕이면서 주님도, 이웃도 사랑하지 않는 삶을 살게 될까 봐 두렵습니다. "주님, 믿습니다"라고 고백하면서 여전히 불순종하는 삶을 살게 될까 봐 두렵습니다. 주님, 우리의 모든 행위를 살피시며 판단하시는 주님 앞에 진실하고 신실하게 살아가길 원합니다. 저를 붙들어 주소서. 주님을 경외함으로 섬기게 하소서.

이 백성이 입술로는 나를 공경하되 마음은 내게서 멀도다 마 15:8

내 사랑하는 주님

기도 시간에 생각에 머물러 있을 때가 많습니다. 기도를 시작하면 세속적인 생각들이 제게로 돌진해 옵니다. 대부분 제가 집착하고 쾌락을 느끼는 세상의 것들입니다. 사랑하는 주님, 기도할 때조차도 주 앞에서 죄를 짓는 이 죄인을 멀리하지 마시고 붙들어 주소서. 제가 기도할 때에 주님 외에 다른 어떤 것도 허용치 않도록 붙들어 주소서. 성령 안에 깨어 기도하게 하소서. 주의 불화살로 제 모든 헛된 생각을 흩어 주소서. 제 모든 감각이 세속적인 것을 등지고 주님만을 향하게 하소서. 더러운 망상을 떨쳐내고 경멸하게 하소서.

모든 기도와 간구를 하되 항상 성령 안에서 기도하고 이를 위하여 깨어 구하기를 항상 힘쓰며 여러 성도를 위하여 구하라
엡 6:18

내 사랑하는 주님

주를 위하여 고난 받는 지금 이 순간에도 제가 바라는 오직 한 가지는 주님만이 홀로 영광을 받으시는 것입니다. 비록 제 육체는 땅에 매여 고통 가운데 있지만 제 영은 주와 함께 하며 자유합니다. 사나 죽으나 저는 주님의 것입니다! 사랑하는 주님, 주께서 허락하신 날까지 이 땅에서 멸시받게 하소서. 비천하게 살아가게 하소서. 실패자로 보이게 하소서. 고난과 고통으로 몸부림치며 괴로워하게 하소서. 그러나 마침내 새날이 오면, 저는 밝아오는 여명 가운데 일어나 주를 찬송할 것입니다. 확신하건데 주님을 위하여 세상에서 고난 당하는 사람은 참으로 복 있는 사람입니다.

우리가 살아도 주를 위하여 살고 죽어도 주를 위하여 죽나니
그러므로 사나 죽으나 우리가 주의 것이로다 롬 14:8

12

"인자가 올 때에 세상에서 믿음을 보겠느냐?"
이 질문을 쉽게 받아들이지 마십시오
이 시대 가운데, 그리고 당신의 삶 구석구석에
믿음의 증거를 남기십시오
우리 주님은 곧 다시 오십니다

뜻을 정하여 나아가는 12월의 고백

회개

감사

간구

순종

내 사랑하는 주님

세상을 향한 감각의 문을 닫고 내면으로부터 들려오는 주님의 음성에 귀를 기울이길 원합니다.

내 사랑하는 자야

네 눈에 아무리 좋아 보아 보여도 세상의 것은 내 자녀들을 잡으려고 놓은 '덫'에 불과하다. 네가 세상을 다 가질지라도 나로부터 버림받는다면 누가 너를 구원해 줄 수 있겠느냐? 이제 영원하지 않는 세상의 것들과 작별하고 영원한 것을 찾으라. 네 모든 갈망과 기쁨을 나에게 맞추라. 나를 기뻐하라. 나는 구원이며 생명이다! 나와 함께 할 때, 너는 세상이 줄 수 없는 평안을 누릴 것이다.

세상 물건을 쓰는 자들은 다 쓰지 못하는 자 같이 하라 이 세상의 외형은 지나감이니라 고전 7:31

내 사랑하는 주님

제 삶에 고난이 끊이지 않습니다. 이것이 제가 불행한 이유일까요? 평안을 위하여 여러 계획을 세우고 매일 고군분투하지만, 제 삶은 여전히 고단하고 슬픕니다.

내 사랑하는 자야

너는 모든 유혹으로부터 자유해지고 어떤 반대에도 부딪치지 않는 평안을 원하나 나는 이를 허락하지 않을 것이다. 나는 네가 지금 겪고 있는 그 고난 위에 네 평안의 기초를 세울 것이다. 고난을 환영하는 것이 어찌 쉬울 수 있겠느냐? 그러나 고난이 아니고는 네 영혼을 정화시키는 '불'을 결코 견뎌낼 수 없을 것이다. 이것이 너를 향한 나의 목적이다. 사랑하는 자야, 현재의 고난을 견디어 나가라. 더 이상 고난을 거부하지 말라. 지금의 고난은 벌이 아닌 너를 구원하기 위한 나의 사랑이다.

시험을 참는 자는 복이 있나니 이는 시련을 견디어 낸 자가 주께서 자기를 사랑하는 자들에게 약속하신 생명의 면류관을 얻을 것이기 때문이라 약 1:12

내 사랑하는 자야
내가 줄 떡은 곧 세상의 생명을 위한 내 살이니라.
이것을 행하여 나를 기념하라.

내 사랑하는 주님
거룩하신 주님은 성찬의 제단에 임재하여 계십니다. 우리는 그곳에서 경외함으로 주를 영접하고 영원한 생명의 본질을 깨달을 것입니다. 인간의 눈에 감추어진 창조주의 경영하심이 얼마나 놀라운지요! 택하신 자녀들을 위하여 자기 자신을 십자가에서 내어주심으로 성찬을 예비해 주신 그 사랑과 인자하심을 찬양합니다. 이것은 참으로 인간의 모든 이해를 넘어서는 것입니다. 주님은 모든 경건한 자들을 이끄시며 그들 안에 사랑의 불씨를 놓으십니다. 주의 신실한 종들은 성찬을 통하여 진정한 사랑과 헌신의 은총을 받을 것입니다.

…이것은 너희를 위하는 내 몸이니 이것을 행하여 나를 기념하라 하시고 고전 11:24

　　　　　　내 사랑하는 자야

여전히 너는 용감한 용사로 세워지지 않았구나. 지
혜로운 신부로 단장되지 않았구나.

　　　　　　내 사랑하는 주님

　　　　　왜 저는 아직 아닌가요?

그 이유는 네가 조금만 힘들어도 쉽게 포기하고,
늘 위로 받기를 원하기 때문이다. 나의 용사는 끝
까지 포기하지 않는다. 악에 굳게 맞서며 적들의
교활한 말에 쉽게 넘어가지 않는다. 부요할 때든
가난할 때든 변함없이 나로 말미암아 힘을 얻는다.
나의 신부는 나의 사랑보다 내가 주는 사랑의 선물
을 귀히 여기지 않는다. 고난 가운데서도 나의 아
름다움을 노래한다. 오직 나의 사랑을 구하며 순결
한 마음으로 섬긴다.

내 누이, 내 신부야 네 사랑이 어찌 그리 아름다운지 네 사랑은
포도주보다 진하고 네 기름의 향기는 각양 향품보다 향기롭구
나 아 4:10

내 사랑하는 자야
네가 배워야 할 것이 더 있단다.

내 사랑하는 주님
그것들은 무엇인가요?

그것은 바로 네 욕망을 나의 기쁨과 일치시키는 것이다. 네 자신을 부인하는 것이다. 나의 뜻에 순종하는 것이다. 사랑하는 자야, 네 안에 어떠한 마음이 맹렬히 불타오를 때, 그것이 내 영광을 위함인지, 아니면 네 자신의 영광을 위함인지 분별하라. 내 영광을 위한 것이라면, 네가 무슨 일을 하든 만족할 수 있을 것이다. 그러나 아니라면 그 일은 오히려 네게 근심거리와 무거운 짐이 될 것이다.

그런즉 너희가 먹든지 마시든지 무엇을 하든지 다 하나님의
영광을 위하여 하라 고전 10:31

내 사랑하는 자야

사람의 지식과 견줄 수 없고 세상의 모든 지식을 초월하는 내게로 와서 들으라. 내 말은 '영'이요 '생명'이다! 이제 무익한 일들에 대한 네 호소를 거두고, 잠잠히 나의 음성에 귀를 기울이라. 나는 너와 맺은 언약을 반드시 지킬 것이다. 네가 행한 모든 선한 일에 대하여 보상해 줄 것이다. 하나님 앞에서 너를 시인할 것이다. 나는 나를 신뢰하는 자들을 결코 빈손으로 돌려보내지 않으며 나를 향한 사랑을 끝까지 지키는 자들에게 약속한 모든 것을 이행하는 자이기 때문이다.

내 사랑하는 주님

주 앞에서 훈계를 받는 자, 주의 말씀으로 교훈을 얻는 자는 참으로 복이 있습니다. 주께서 그들로 환난 날을 피하게 하사 악인을 위하여 구덩이를 팔 때까지 그들에게 평안을 주실 것입니다(시 94:13).

…주의 법으로 교훈하심을 받는 자가 복이 있나니 시 94:12

내 사랑하는 자야

나는 네게 무엇이 가장 선한 것인지 알고 있다. 나는 너를 위한 모든 것을 알고 있다. 항상 나와 함께하라. 나의 뜻에 순종하라.

내 사랑하는 주님

진실로 주님은 저보다 저를 더 사랑하시고 잘 아시는 분입니다. 저는 사랑하는 주님과 늘 함께 하길 원합니다. 주님이 기뻐하시는 일에 사용되길 원합니다. 저는 주의 빛 가운데 거할 때에, 주의 위로를 받을 때에 주를 높이고 찬양할 것입니다. 아니, 어둠 가운데 두실지라도 여전히 주를 찬양할 것입니다. 주께서 행하시는 모든 일이 선하시기 때문입니다! 이 더러운 죄인을 위하여 십자가에 달리시고 부활하신 선하신 목자만을 따르리라 고백합니다.

나는 선한 목자라 선한 목자는 양들을 위하여 목숨을 버리거니와 요 10:11

내 사랑하는 자야

너는 네 자신으로부터 멀어지는 만큼 내 안에 거할 수 있다는 것을 기억하라. 네 자신을 부인하는 만큼 나와 연합할 수 있다는 것을 기억하라. 나는 네가 아무 저항이나 불평 없이 나의 뜻에 순종하길 원한다. 자기를 부인하고 자기 십자가를 지는 것이 무엇인지 온전히 깨닫기를 원한다.

내 사랑하는 주님

종이 주인보다 크지 못하고 제자가 선생보다 뛰어나지 못하오니, 오직 주인이시며 선생이신 주님께서 저를 붙들어 주소서. 이 종이 주님의 길을 따르며 진정한 성화와 구원을 이루어 나갈 수 있도록 인도하여 주소서. 그리스도를 따르는 것 외에 다른 어떤 것도 제 마음을 만족시키지 못하도록 지켜 주서. 이 땅에서 제 생명을 가장 미워하게 하소서.

자기의 생명을 사랑하는 자는 잃어버릴 것이요 이 세상에서 자기의 생명을 미워하는 자는 영생하도록 보전하리라 요 12:25

내 사랑하는 자야

나는 너를 사망에서 건지기 위하여 이 땅에 내려와 네 모든 죄를 감당하였다. 이는 나의 필요에 의해서가 아닌, 오직 너를 향한 사랑 때문이었다. 이 땅에서의 내 삶이 어떠했는지 아느냐? 십자가에 달려 죽을 때까지 고난이었다. 내가 베푼 은총은 배반으로, 기적은 무례함으로, 가르침은 모멸로 돌아왔다. 그러나 나는 어떠한 치욕과 욕설에도 맞서지 않았다.

내 사랑하는 주님

인생이 왜이리 고달프고 힘든지요. 그러나 저는 그리스도를 본받겠습니다. 주님의 은혜와 이 땅에서 보이신 본을 기억하며 끝까지 인내하겠습니다.

또 너희는 많은 환난 가운데서 성령의 기쁨으로 말씀을 받아 우리와 주를 본받은 자가 되었으니 살전 1:6

내 사랑하는 자야

네게 진정한 평화와 자유의 길을 가르쳐 주노라.
먼저 너는 네가 원하는 것이 아닌 다른 누군가가
원하는 것을 행하라. 그리고 소유하기보다 내려놓
는 것을 택하라. 낮은 자리를 구하고, 가장 낮은 곳
으로 내려가라. 마지막으로, 나의 뜻이 네 안에 이
뤄지기를 갈망하고 간구하라.

내 사랑하는 주님

저는 이 모든 가르치심 속에서 주님의 완전하심을
봅니다. 주의 선하신 뜻을 발견합니다. 제가 주님
의 말씀을 신실하게 지켜나가면 결코 흔들리지 않
을 것입니다. 모든 것 위에 뛰어나신 주님, 제가 순
종할 수 있도록 은총을 베풀어 주소서. 구원의 좁
은 문으로 들어갈 수 있도록 붙들어 주소서.

그런즉 너희는 이 언약의 말씀을 지켜 행하라 그리하면 너희
가 하는 모든 일이 형통하리라 신 29:9

내 사랑하는 주님

악한 생각이 제 영혼을 괴롭힙니다. 어떻게 하면
이 모든 두려움을 쫓아낼 수 있을까요? 주님, 저를
멀리하지 마시고 부디 이 어둠 속에서 속히 건져
주소서.

내 사랑하는 자야

두려워하지 말라. 내가 네 앞서 행할 것이다! 내가
네 옥문을 열어 은밀한 것을 보여줄 것이다. 험한
곳을 평탄하게 할 것이다. 쇠빗장을 꺾을 것이다.

내 사랑하는 주님

제 안에 악한 생각들을 모두 소멸시켜 주소서. 전
심으로 주를 찾으며 기다립니다. 제 모든 것을 주
께 의탁합니다. 주의 말씀대로 이루어지이다!

내가 너보다 앞서 가서 험한 곳을 평탄하게 하며 놋문을 쳐서
부수며 쇠빗장을 꺾고 사 45:2

내 사랑하는 자야

평안을 네게 끼치노니 곧 나의 평안을 네게 주노라. 내가 주는 것은 세상이 주는 것과 같지 아니하노라. 그러나 보라, 많은 사람들이 평안을 원하기만 할 뿐 이를 위해서는 아무것도 하지 않는구나.

내 사랑하는 주님

평안을 누리기 위하여 무엇을 해야 할까요?

내 사랑하는 자야

모든 행동과 말을 조심하라. 모든 삶의 목적이 나의 기쁨이 되게 하라. 나만을 열망하라. 사람들의 행동과 말을 경솔하게 판단하지 말라. 너와 상관없는 일에 말려들지 말라. 이를 행하면 네가 불안해하는 요소들이 점점 사라지게 될 것이다.

이것을 너희에게 이르는 것은 너희로 내 안에서 평안을 누리게 하려 함이라 세상에서는 너희가 환난을 당하나 담대하라 내가 세상을 이기었노라 요 16:33

내 사랑하는 자야

나를 발견하길 원하느냐? 네 자신을 부인하라. 항상 나와 함께 하길 원하느냐? 네 자아와 소유를 완전히 버리라. 한량없는 은혜를 받기 원하느냐? 네 자신에 대한 모든 것을 포기하라!

내 사랑하는 주님

제 자신을 얼마나 더 부인하고 포기해야 할까요?

내 사랑하는 자야

항상 부인하라! 항상 포기하라! 나는 네 모든 것을 드러내길 원하며 네 모든 의지를 소유하길 원한다. 그렇지 않고서 어찌 네가 나의 소유가 될 수 있겠느냐? 어찌 나에게 속할 수 있겠느냐?

여호와께서는 자기 백성을 버리지 아니하시며 자기의 소유를 외면하지 아니하시리로다 시 94:14

내 사랑하는 자야
네 모든 것을 나에게 의탁하라. 그리고 잠잠히 나
의 때를 기다리라.

내 사랑하는 주님
제 모든 것을 주께 드립니다. 더 이상 내일 일에 대
하여 염려하지 않겠습니다. 조급해 하지 않고 주님
의 때를 기다리겠습니다.

내 사랑하는 자야
지금도 원수 마귀는 너를 사로잡기 위하여 덫을 놓
고 기다리고 있다. 시험에 들지 않게 깨어 기도하
라. 염려의 덫을 향하여 스스로 걸어 들어가지 말
라. 믿으라, 나는 가장 좋은 때에 가장 좋은 것을
너에게 줄 것이다.

너희 중에 누가 염려함으로 그 키를 한 자라도 더할 수 있겠느
냐 마 6:27

내 사랑하는 자야
다른 사람들이 너보다 인정받는 것에 대하여 낙심하지 말라. 모욕을 받았다고 비탄에 빠지지 말라.

내 사랑하는 주님
저는 주님께 불평을 늘어놓는 존재, 때론 주님을 거스르기까지 하는 무익한 존재입니다. 이 죄인의 삶에 혼돈과 멸시가 임하는 것은 당연한 일입니다. 그러나 왕이신 주님은 이 땅에서 멸시를 받으시고 버림을 당하셨습니다. 죄 없으신 분이 죄인 취급을 당하셨습니다. 사랑하는 주님, 제가 정말 주님을 만났습니까? 그렇다면 감히 주 앞에서 불평할 수 없을 것입니다. 죄를 미워할 수밖에 없을 것입니다. 주님, 저를 만나주소서.

그는 멸시를 받아 사람들에게 버림 받았으며 간고를 많이 겪었으며 질고를 아는 자라… 사 53:3

내 사랑하는 자야

왜 사람들의 말에 가슴앓이를 하느냐? 왜 네가 해야 할 일보다 사람들의 눈치를 더 살피느냐? 실수하기 싫고 비난받고 싶지 않은 이유가 무엇이냐? 잘못을 인정하지 않고 변명이라는 도피처로 재빨리 달려가는 이유가 무엇이냐? 너는 사람들에게 멸시를 받을까 봐 두려워한다. 지금 네 안은 사람을 기쁘게 하고 인정받고 싶은 헛된 욕망과 세속적인 욕구로 가득하다. 지금도 여전히 잘못한 일로 창피를 당할까 봐 도망 다니고 있느냐? 그렇다면 너는 아직 세상에 대하여 죽지 않았다! 아직 철저히 낮아지지 않았다.

내 사랑하는 주님

이 죄인을 용서하소서. 구원하소서. 진정 세상에 대하여 죽을 수 있도록 은혜를 베풀어 주소서.

사람을 두려워하면 올무에 걸리게 되거니와 여호와를 의지하는 자는 안전하리라 잠 29:25

내 사랑하는 자야

나와 동행하길 원하느냐? 그렇다면 네가 즐기고 싶은 만큼 고통을 받아들이고, 네가 부요해지고 싶은 만큼 빈곤과 가난을 받아들이라.

내 사랑하는 주님

주님과 함께 할 수 있다면, 저는 어떤 일이든 기꺼이 받아들일 각오가 되어 있습니다. 어떤 일이든 감사하며 겪어 나갈 준비가 되어 있습니다. 다만 저를 모든 악으로부터 보호하여 주시고, 제게서 주의 긍휼을 거두지 마소서. 제가 죽음이 두려워서 주님을 배신하지 않도록 제 생명을 붙들어 주소서.

…다만 악에서 구하시옵소서… 마 6:13

내 사랑하는 자야
이제 모든 것을 읽고 깨달았으니 그대로 행하라.
나의 계명을 지키는 자라야 나를 사랑하는 자니 나
도 그를 사랑하여 그에게 나를 나타낼 것이다. 그
는 내 아버지의 나라에서 나와 함께 할 것이다.

내 사랑하는 주님
지금 이 시간, 주의 모든 말씀에 순종하리라 결단
합니다. 십자가를 지고 죽기까지 주를 따르리라 고
백합니다. 다른 무엇으로가 아닌 오직 순종을 통하
여 주를 향한 사랑을 나타내리라 다짐합니다. 주께
서 기뻐하시는 것은 천천의 숫양도, 만만의 강물과
같은 기름도 아닙니다. 순종이 제사보다 낫고 듣는
것이 숫양의 기름보다 나음을 알기 때문입니다.

나의 계명을 지키는 자라야 나를 사랑하는 자니 나를 사랑하
는 자는 내 아버지께 사랑을 받을 것이요 나도 그를 사랑하여
그에게 나를 나타내리라 요 14:21

내 사랑하는 자야

고난은 진실로 유익하다. 나는 자신의 삶이 형통할 때만 뜨겁게 헌신하는 자보다 힘든 현실에서 묵묵히 인내하며 겸손히 행하는 자를 더 기뻐한다.

내 사랑하는 주님

제가 형통과 성공만을 주장하지 않길 원합니다. 그 때에만 주를 높이는 비뚤어진 신앙인이 되지 않길 원합니다. 이 고난 가운데 주를 향한 믿음을 붙들고 마지막까지 승리하기를 원합니다. 사랑하는 주님, 거룩한 주의 말씀으로 저를 단련하여 주소서. 제가 모든 고난을 견뎌나갈 수 있도록 주의 사랑의 음성을 끊임없이 들려주소서.

주께서 너희를 우리 주 예수 그리스도의 날에 책망할 것이 없는 자로 끝까지 견고하게 하시리라 고전 1:8

수고하고 무거운 짐 진 자들아
다 내게로 오라. 내가 너희를 쉬게 하리라.

내 사랑하는 주님
하늘의 하늘이라도 주님을 모시기에 부족한데, 죄
인인 제가 어찌 감히 주께로 나아갈 수 있겠습니
까? 그럼에도 지극히 거룩하신 주님은 더러운 죄
인들을 향하여 간절히 외치십니다. "다 내게로 오
라!" 주님이 아니시면 어느 누가 온 인류를 부르
고, 죄인을 품을 수 있겠습니까? 사랑하는 주님,
그러나 부르심을 받은 사람들이 아무 반응도 하
지 않습니다. 주의 은혜에 감격해 하지도, 죄의 길
에서 떠나려 하지도 않습니다. 그들이 인류의 소망
되시는 주님을 영접하지 않는 것이 참으로 애통합
니다.

수고하고 무거운 짐 진 자들아 다 내게로 오라 내가 너희를 쉬
게 하리라 마 11:28

내 사랑하는 자야

네 마음을 철저히 들여다보아라. 네 자신을 힘써 정화하라. 비탄에 빠트리는 네 모든 죄를 토하라. 회개하라! 일상에서 반복하여 넘어지는 죄에 대하여 통곡하라. 시시로 내게 나아와 정욕에 이끌려 지은 모든 은밀한 죄를 자백하라.

내 사랑하는 주님

제 모든 죄와 불법을 속죄의 제단 위에 올려 놓사오니 주의 사랑의 불로 태워 주소서. 제 더러움을 씻어 주시고 제 마음을 정결케 하여 주소서. 이 죄인을 용서하사 죄로 인하여 잃어버린 주의 은총을 회복시켜 주시고, 평안의 입맞춤으로 위로하여 주소서.

만일 우리가 우리 죄를 자백하면 그는 미쁘시고 의로우사 우리 죄를 사하시며 우리를 모든 불의에서 깨끗하게 하실 것이요 요일 1:9

내 사랑하는 자야

인간의 이성은 거짓에 쉽게 속아넘어가지만, 진실한 믿음을 가진 자는 결코 거짓에 속지 않는다. 이 시대는 인간의 이성을 믿음보다 우선시하고, 이성을 믿음으로 대치하기 위하여 끊임없이 시도하나 너는 이를 결코 용납하지 말라.

내 사랑하는 주님

오직 주님만이 위대하십니다. 어찌 한낱 피조물인 인간이 창조주 하나님의 위대하심을 측량할 수 있겠습니까? 만일 인간의 이성으로 주님의 놀라운 역사를 다 이해할 수 있다면, 어느 누구도 주님을 찬양하거나 높이지 않을 것입니다. 주의 위대하심을 두 손 들고 찬양하지 않을 것입니다. 그러나 주님은 가장 뛰어나신 분입니다. 믿음으로 사는 모든 성도들은 이렇게 외칠 것입니다. "주는 홀로 위대하십니다!"

여호와는 위대하시니 크게 찬양할 것이라 그의 위대하심을 측량하지 못하리로다 시 145:3

내 사랑하는 자야
받아서 먹으라. 이것은 내 몸이니라.

내 사랑하는 주님
제 안에 선한 것이 하나도 없는데, 어떻게 감히 거룩하신 주님을 맞이할 수 있겠습니까?

내 살을 먹고 내 피를 마시는 자는 내 안에 거하고 나도 그의 안에 거하나니, 받아서 먹으라.

성찬을 통하여 제 안에 주님을 모시는 영광을 주셔서 감사합니다. 오직 주님을 따르는 자만이 그 놀라운 은총을 경험할 것입니다. 주님은 성찬을 통하여 죄로 일그러진 아름다움을 회복시켜 주시고, 무너진 영혼육을 강건케 해 주십니다. 선을 행할 힘을 주십니다. 우리 안에 계신 주님, 제 평생에 주께서 행하신 일을 전파하겠습니다.

내 살을 먹고 내 피를 마시는 자는 내 안에 거하고 나도 그의 안에 거하나니 요 6:56

내 사랑하는 자야

진리 가운데 담대히 걸어가라. 마음을 청결하게 하라. 내 얼굴을 구하라. 그리하면 악한 세력의 공격으로부터 보호받고, 악한 자들의 비방으로부터 자유로워질 것이다. 진리가 너를 자유케 하면 너는 참으로 자유로워지고, 사람들의 헛된 말에 실족하지 않을 것이다.

내 사랑하는 주님

오직 주의 말씀이 이루어지기를 갈망합니다. 제게 주의 진리를 가르쳐 주소서. 제가 진리 안에 살아가게 하소서. 진리 외에는 그 무엇에도 매이지 않고 주님과 겸손히 동행하게 하소서.

진리를 알지니 진리가 너희를 자유롭게 하리라 요 8:32

내 사랑하는 자야

내가 무리를 불쌍히 여기노라. 그들이 길에서 기진할까 하여 굶겨 보내지 못하겠노라.

내 사랑하는 주님

무리를 불쌍히 여기사 친히 먹여 주신 그 사랑과 은혜를 사모합니다. 이 땅에서 하늘의 양식을 먹는 자마다 주의 생기로 살아나고 구원의 길을 향하여 달려나갈 것입니다. 주님, 저를 불쌍히 여기사 그 양식을 제게도 먹여 주소서. 천국을 향하여 나아가는 여정 가운데 기진하여 쓰러지지 않도록 긍휼히 여겨 주소서. 이 땅에 오사 친히 생명의 양식이 되어 주신 주님을 높이며 그 앞에 나아가 엎드려 절합니다.

…내가 무리를 불쌍히 여기노라 그들이 나와 함께 있은 지 이미 사흘이매 먹을 것이 없도다 길에서 기진할까 하여 굶겨 보내지 못하겠노라 마 15:32

내 사랑하는 자야

네 삶의 아주 사소한 문제가 네가 은혜 받지 못하도록 방해하는 것을 아느냐? 크고 심각한 문제보다 하찮고 작은 것이 네 신앙의 방해 요소가 되었던 때가 얼마나 많았는지 떠올려 보라. 그러나 문제의 크기가 어떠하든 네가 그 방해 요소를 제거하고 정복해나간다면 내게 구하는 것을 얻을 것이다.

내 사랑하는 주님

주님의 말씀이 옳습니다. 제 삶의 아주 작은 것들이 들어와 주의 은혜를 받지 못하도록 가로막고 방해합니다. 처음에는 하찮게 여겼는데 이제는 어떻게 해야 할지 모를 정도로 제 삶을 점령하고 있습니다. 주님, 이제라도 정신을 차려 아주 작은 악도 제 삶에 허용하지 않도록 주의하겠습니다. 그 방해 요소들을 찾아 하나하나 뿌리 뽑겠습니다. 주를 두려워하는 마음으로 이를 행하겠습니다.

그러므로 우리가 흔들리지 않는 나라를 받았은즉 은혜를 받자 이로 말미암아 경건함과 두려움으로 하나님을 기쁘시게 섬길지니 히 12:28

내 사랑하는 주님

저를 주의 종으로 삼아 주셔서 감사합니다. 이 연약하고 미련한 제가 사명의 길을 끝까지 잘 감당할 수 있도록 붙들어 주소서.

내 사랑하는 자야

종의 길은 결코 저속하지 않다. 세상과 구별되어야 한다. 그러니 너는 할 수 있는 한 온전하라! 네 삶이 십자가를 드러낼 수 있도록 항상 고난을 묵상하라. 내 고난의 발자취를 따르라. 십자가를 품고 살아가라. 자기 십자가를 지고 나를 따르는 자는 자신뿐 아니라 다른 이들의 죄를 애통해하며 그들을 불쌍히 여긴다. 사랑하는 자야, 나와 죄인들 사이에서 중보 기도자가 되어 그들이 나의 은총을 얻을 때까지 네 기도를 멈추지 말라.

여호와 하나님이여 주의 기름 부음 받은 자에게서 얼굴을 돌리지 마시옵고 주의 종 다윗에게 베푸신 은총을 기억하옵소서 하였더라 대하 6:42

내 사랑하는 주님
어떻게 하면 영적으로 성장할 수 있을까요?

내 사랑하는 자야
영적 성숙을 원한다면 전심으로, 그리고 즐거이 내게 헌신하라. 네 마음을 지키라. 시험에 들든지 형통하든지 항상 감사하라. 모든 일을 공의로 판단하라. 무엇이든 네 자신의 유익을 위하여 구하지 말고, 오직 나의 나라와 의를 구하라. 소망 가운데 인내하라. 그리하면 성숙한 그리스도인으로서 어떠한 역경도 용감하게 헤쳐 나갈 수 있을 것이다. "왜 나만 고난을 겪어야 합니까?"라고 불평하지도 않을 것이다. 네게 일어난 모든 일을 겸허히 받아들이고, 나의 거룩한 이름을 찬양할 것이다. 진리와 평화의 길을 걷기 시작할 것이다.

주의 권능의 날에 주의 백성이 거룩한 옷을 입고 즐거이 헌신하니 새벽 이슬 같은 주의 청년들이 주께 나오는도다 시 110:3

내 사랑하는 주님

주님이 저를 멀리하실지라도 저는 주님만을 따를 것입니다. 아무도 주를 찾지 않을지라도 저는 주님만을 찾을 것입니다. 오직 나의 소망, 나의 영원한 구원 되시는 주님, 저는 주님이 아니시면 그 무엇도 기뻐할 수 없습니다. 부디 저를 멀리하지 마시고 그 품에 다시 품어 주소서! 저는 주께서 은총을 베풀어 주실 때까지, 응답해 주실 때까지 침묵하지 않고 이 기도를 멈추지 않을 것입니다.

내 사랑하는 자야

보라, 내가 여기 있노라! 내가 네 부르짖음을 들었노라. 네 눈물을 보았노라. 네 낮은 마음과 통회하는 심령, 나를 향한 갈망이 나를 이끌어 네게로 인도하였노라.

원하건대 주는 눈을 들어 종의 간구함과 주의 백성 이스라엘의 간구함을 보시고 주께 부르짖는 대로 들으시옵소서 왕상 8:52

내 사랑하는 주님

제가 주의 자비를 끊임없이 구하는 것 외에 무엇을 더 할 수 있겠습니까? 부디 주의 긍휼을 베푸사 제 모든 죄를 용서하여 주소서. 죄를 미워하게 하소서. 이제 다시는 죄를 짓지 않겠노라 굳게 다짐하며 주 앞에 엎드립니다.

내 사랑하는 자야

네 자신에게 더욱 진실하고, 네 자신에 대하여 더욱 절망하라. 네 죄를 온전히 회개하라. 네 자신의 영광을 포기하고 내 영광을 위하여 살라. 내게 네 영혼육을 온전히 의탁하라. 그리하면 네 삶은 더욱 견고해지고 선을 향하여 나아가게 될 것이다.

자기의 죄를 숨기는 자는 형통하지 못하나 죄를 자복하고 버리는 자는 불쌍히 여김을 받으리라 잠 28:13

내 사랑하는 주님

창조주가 자기 생명을 내어주기 위하여 하늘 보좌를 버리고 친히 이 땅에 내려오실 만큼 사랑받는 피조물이 인간 외에 어디 있습니까? 그것은 이루 형용할 수 없는 은혜이며 측량할 수 없는 사랑입니다. 지극히 거룩한 겸손입니다! 주님, 주께 제 자신을 온전히 드립니다. 제 모든 사랑을 드립니다. 주께만 순종하기를 원합니다. 진실로 주와 함께 하기를 갈망합니다.

내 사랑하는 자야

내가 세상 끝 날까지 너와 항상 함께 있으리라!

내 사랑하는 주님

주님이 다시 오실 그날까지 순종하겠습니다. 사랑하겠습니다. 주의 복음을 전하겠습니다. 주 예수여, 오시옵소서!

…볼지어다 내가 세상 끝 날까지 너희와 항상 함께 있으리라 하시니라 마 28:20

순종하는 매일을 위하여

내 양은 내 음성을 들으며 나는
그들을 알며 그들은 나를 따르느니라

당신 삶의 모든 영역을
예수님이 정하신 표준으로 끌어올리십시오
하나님의 뜻에 정확히 맞추십시오

1 예수께서 무리를 보시고 산에 올라가 앉으시니 제자들이 나아온지라

2 입을 열어 가르쳐 이르시되

3 심령이 가난한 자는 복이 있나니 천국이 그들의 것임이요

4 애통하는 자는 복이 있나니 그들이 위로를 받을 것임이요

5 온유한 자는 복이 있나니 그들이 땅을 기업으로 받을 것임이요

6 의에 주리고 목마른 자는 복이 있나니 그들이 배부를 것임이요

7 긍휼히 여기는 자는 복이 있나니 그들이 긍휼히 여김을 받을 것임이요

8 마음이 청결한 자는 복이 있나니 그들이 하나님을 볼 것임이요

9 화평하게 하는 자는 복이 있나니 그들이 하나님의 아들이라 일컬음을 받을 것임이요

10 의를 위하여 박해를 받은 자는 복이 있나니 천국이 그들의 것임이라

11 나로 말미암아 너희를 욕하고 박해하고 거짓으로 너희를 거슬러 모든 악한 말을 할 때에는 너희에게 복이 있나니

12 기뻐하고 즐거워하라 하늘에서 너희의 상이 큼이라 너희 전에 있던 선지자들도 이같이 박해하였느니라

13 너희는 세상의 소금이니 소금이 만일 그 맛을 잃으면 무엇으로 짜게 하리요 후에는 아무 쓸 데 없어 다만 밖에 버려져 사람에게 밟힐 뿐이니라

14 너희는 세상의 빛이라 산 위에 있는 동네가 숨겨

지지 못할 것이요

15 사람이 등불을 켜서 말 아래에 두지 아니하고 등경 위에 두나니 이러므로 집 안 모든 사람에게 비치느니라

16 이같이 너희 빛이 사람 앞에 비치게 하여 그들로 너희 착한 행실을 보고 하늘에 계신 너희 아버지께 영광을 돌리게 하라

17 내가 율법이나 선지자를 폐하러 온 줄로 생각하지 말라 폐하러 온 것이 아니요 완전하게 하려 함이라

18 진실로 너희에게 이르노니 천지가 없어지기 전에는 율법의 일점 일획도 결코 없어지지 아니하고 다 이루리라

19 그러므로 누구든지 이 계명 중의 지극히 작은 것 하나라도 버리고 또 그같이 사람을 가르치는 자는 천국에서 지극히 작다 일컬음을 받을 것이요 누구든지 이를 행하며 가르치는 자는 천국에서 크다 일컬음을 받으리라

20 내가 너희에게 이르노니 너희 의가 서기관과 바리새인보다 더 낫지 못하면 결코 천국에 들어가지 못하리라

21 옛 사람에게 말한 바 살인하지 말라 누구든지 살인하면 심판을 받게 되리라 하였다는 것을 너희가 들었으나

22 나는 너희에게 이르노니 형제에게 노하는 자마다 심판을 받게 되고 형제를 대하여 라가라 하는 자는 공회에 잡혀가게 되고 미련한 놈이라 하는 자는 지옥 불에 들어가게 되리라

23 그러므로 예물을 제단에 드리려다가 거기서 네 형제에게 원망들을 만한 일이 있는 것이 생각나거든

24 예물을 제단 앞에 두고 먼저 가서 형제와 화목하고 그 후에 와서 예물을 드리라

25 너를 고발하는 자와 함께 길에 있을 때에 급히 사화하라 그 고발하는 자가 너를 재판관에게 내어 주고 재판관이 옥리에게 내어 주어 옥에 가둘까 염려하라 26 진실로 네게 이르노니 네가 한 푼이라도 남김이 없이 다 갚기 전에는 결코 거기서 나오지 못하리라 27 또 간음하지 말라 하였다는 것을 너희가 들었으나 28 나는 너희에게 이르노니 음욕을 품고 여자를 보는 자마다 마음에 이미 간음하였느니라 29 만일 네 오른 눈이 너로 실족하게 하거든 빼어 내버리라 네 백체 중 하나가 없어지고 온몸이 지옥에 던져지지 않는 것이 유익하며 30 또한 만일 네 오른손이 너로 실족하게 하거든 찍어 내버리라 네 백체 중 하나가 없어지고 온몸이 지옥에 던져지지 않는 것이 유익하니라 31 또 일렀으되 누구든지 아내를 버리려거든 이혼 증서를 줄 것이라 하였으나 32 나는 너희에게 이르노니 누구든지 음행한 이유 없이 아내를 버리면 이는 그로 간음하게 함이요 또 누구든지 버림받은 여자에게 장가드는 자도 간음함이니라 33 또 옛 사람에게 말한 바 헛 맹세를 하지 말고 네 맹세한 것을 주께 지키라 하였다는 것을 너희가 들었으나 34 나는 너희에게 이르노니 도무지 맹세하지 말지니 하늘로도 하지 말라 이는 하나님의 보좌임이요 35 땅으로도 하지 말라 이는 하나님의 발등상임이요 예루살렘으로도 하지 말라 이는 큰 임금의 성임이요 36 네 머리로도 하지 말라 이는 네가 한 터럭도 희고 검게 할 수 없음이라 37 오직 너희 말은 옳다 옳다, 아니라 아니라 하라 이에서 지나는 것은 악으로부터 나느니라

38 또 눈은 눈으로, 이는 이로 갚으라 하였다는 것을 너희가 들었으나

39 나는 너희에게 이르노니 악한 자를 대적하지 말라 누구든지 네 오른편 뺨을 치거든 왼편도 돌려 대며

40 또 너를 고발하여 속옷을 가지고자 하는 자에게 겉옷까지도 가지게 하며

41 또 누구든지 너로 억지로 오 리를 가게 하거든 그 사람과 십 리를 동행하고

42 네게 구하는 자에게 주며 네게 꾸고자 하는 자에게 거절하지 말라

43 또 네 이웃을 사랑하고 네 원수를 미워하라 하였다는 것을 너희가 들었으나

44 나는 너희에게 이르노니 너희 원수를 사랑하며 너희를 박해하는 자를 위하여 기도하라

45 이같이 한즉 하늘에 계신 너희 아버지의 아들이 되리니 이는 하나님이 그 해를 악인과 선인에게 비추시며 비를 의로운 자와 불의한 자에게 내려주심이라

46 너희가 너희를 사랑하는 자를 사랑하면 무슨 상이 있으리요 세리도 이같이 아니하느냐

47 또 너희가 너희 형제에게만 문안하면 남보다 더 하는 것이 무엇이냐 이방인들도 이같이 아니하느냐

48 그러므로 하늘에 계신 너희 아버지의 온전하심과 같이 너희도 온전하라

마태복음 6장

1 사람에게 보이려고 그들 앞에서 너희 의를 행하지 않도록 주의하라 그리하지 아니하면 하늘에 계신 너희 아버지께 상을 받지 못하느니라

2 그러므로 구제할 때에 외식하는 자가 사람에게서

영광을 받으려고 회당과 거리에서 하는 것 같이 너희 앞에 나팔을 불지 말라 진실로 너희에게 이르노니 그들은 자기 상을 이미 받았느니라

3 너는 구제할 때에 오른손이 하는 것을 왼손이 모르게 하여

4 네 구제함을 은밀하게 하라 은밀한 중에 보시는 너의 아버지께서 갚으시리라

5 또 너희는 기도할 때에 외식하는 자와 같이 하지 말라 그들은 사람에게 보이려고 회당과 큰 거리 어귀에 서서 기도하기를 좋아하느니라 내가 진실로 너희에게 이르노니 그들은 자기 상을 이미 받았느니라

6 너는 기도할 때에 네 골방에 들어가 문을 닫고 은밀한 중에 계신 네 아버지께 기도하라 은밀한 중에 보시는 네 아버지께서 갚으시리라

7 또 기도할 때에 이방인과 같이 중언부언하지 말라 그들은 말을 많이 하여야 들으실 줄 생각하느니라

8 그러므로 그들을 본받지 말라 구하기 전에 너희에게 있어야 할 것을 하나님 너희 아버지께서 아시느니라

9 그러므로 너희는 이렇게 기도하라 하늘에 계신 우리 아버지여 이름이 거룩히 여김을 받으시오며

10 나라가 임하시오며 뜻이 하늘에서 이루어진 것 같이 땅에서도 이루어지이다

11 오늘 우리에게 일용할 양식을 주시옵고

12 우리가 우리에게 죄 지은 자를 사하여 준 것 같이 우리 죄를 사하여 주시옵고

13 우리를 시험에 들게 하지 마시옵고 다만 악에서 구하시옵소서 (나라와 권세와 영광이 아버지께 영원히 있사옵나이다 아멘)

14 너희가 사람의 잘못을 용서하면 너희 하늘 아버지께서도 너희 잘못을 용서하시려니와

15 너희가 사람의 잘못을 용서하지 아니하면 너희 아버지께서도 너희 잘못을 용서하지 아니하시리라

16 금식할 때에 너희는 외식하는 자들과 같이 슬픈 기색을 보이지 말라 그들은 금식하는 것을 사람에게 보이려고 얼굴을 흉하게 하느니라 내가 진실로 너희에게 이르노니 그들은 자기 상을 이미 받았느니라

17 너는 금식할 때에 머리에 기름을 바르고 얼굴을 씻으라

18 이는 금식하는 자로 사람에게 보이지 않고 오직 은밀한 중에 계신 네 아버지께 보이게 하려 함이라 은밀한 중에 보시는 네 아버지께서 갚으시리라

19 너희를 위하여 보물을 땅에 쌓아 두지 말라 거기는 좀과 동록이 해하며 도둑이 구멍을 뚫고 도둑질하느니라

20 오직 너희를 위하여 보물을 하늘에 쌓아 두라 거기는 좀이나 동록이 해하지 못하며 도둑이 구멍을 뚫지도 못하고 도둑질도 못하느니라

21 네 보물 있는 그 곳에는 네 마음도 있느니라

22 눈은 몸의 등불이니 그러므로 네 눈이 성하면 온 몸이 밝을 것이요

23 눈이 나쁘면 온몸이 어두울 것이니 그러므로 네게 있는 빛이 어두우면 그 어둠이 얼마나 더하겠느냐

24 한 사람이 두 주인을 섬기지 못할 것이니 혹 이를 미워하고 저를 사랑하거나 혹 이를 중히 여기고 저를 경히 여김이라 너희가 하나님과 재물을 겸하여 섬기지 못하느니라

25 그러므로 내가 너희에게 이르노니 목숨을 위하여 무엇을 먹을까 무엇을 마실까 몸을 위하여 무엇을 입을까 염려하지 말라 목숨이 음식보다 중하지 아니하며 몸이 의복보다 중하지 아니하냐

26 공중의 새를 보라 심지도 않고 거두지도 않고 창고에 모아들이지도 아니하되 너희 하늘 아버지께서 기르시나니 너희는 이것들보다 귀하지 아니하냐

27 너희 중에 누가 염려함으로 그 키를 한 자라도 더할 수 있겠느냐

28 또 너희가 어찌 의복을 위하여 염려하느냐 들의 백합화가 어떻게 자라는가 생각하여 보라 수고도 아니하고 길쌈도 아니하느니라

29 그러나 내가 너희에게 말하노니 솔로몬의 모든 영광으로도 입은 것이 이 꽃 하나만 같지 못하였느니라

30 오늘 있다가 내일 아궁이에 던져지는 들풀도 하나님이 이렇게 입히시거든 하물며 너희일까보냐 믿음이 작은 자들아

31 그러므로 염려하여 이르기를 무엇을 먹을까 무엇을 마실까 무엇을 입을까 하지 말라

32 이는 다 이방인들이 구하는 것이라 너희 하늘 아버지께서 이 모든 것이 너희에게 있어야 할 줄을 아시느니라

33 그런즉 너희는 먼저 그의 나라와 그의 의를 구하라 그리하면 이 모든 것을 너희에게 더하시리라

34 그러므로 내일 일을 위하여 염려하지 말라 내일 일은 내일이 염려할 것이요 한 날의 괴로움은 그 날로 족하니라

마태복음 7장

1 비판을 받지 아니하려거든 비판하지 말라

2 너희가 비판하는 그 비판으로 너희가 비판을 받을 것이요 너희가 헤아리는 그 헤아림으로 너희가 헤아림을 받을 것이니라

3 어찌하여 형제의 눈 속에 있는 티는 보고 네 눈 속에 있는 들보는 깨닫지 못하느냐

4 보라 네 눈 속에 들보가 있는데 어찌하여 형제에게 말하기를 나로 네 눈 속에 있는 티를 빼게 하라 하겠느냐

5 외식하는 자여 먼저 네 눈 속에서 들보를 빼어라 그 후에야 밝히 보고 형제의 눈 속에서 티를 빼리라

6 거룩한 것을 개에게 주지 말며 너희 진주를 돼지 앞에 던지지 말라 그들이 그것을 발로 밟고 돌이켜 너희를 찢어 상하게 할까 염려하라

7 구하라 그리하면 너희에게 주실 것이요 찾으라 그리하면 찾아낼 것이요 문을 두드리라 그리하면 너희에게 열릴 것이니

8 구하는 이마다 받을 것이요 찾는 이는 찾아낼 것이요 두드리는 이에게는 열릴 것이니라

9 너희 중에 누가 아들이 떡을 달라 하는데 돌을 주며

10 생선을 달라 하는데 뱀을 줄 사람이 있겠느냐

11 너희가 악한 자라도 좋은 것으로 자식에게 줄 줄 알거든 하물며 하늘에 계신 너희 아버지께서 구하는 자에게 좋은 것으로 주시지 않겠느냐

12 그러므로 무엇이든지 남에게 대접을 받고자 하는 대로 너희도 남을 대접하라 이것이 율법이요 선지자니라

13 좁은 문으로 들어가라 멸망으로 인도하는 문은 크고 그 길이 넓어 그리로 들어가는 자가 많고

14 생명으로 인도하는 문은 좁고 길이 협착하여 찾는 자가 적음이라

15 거짓 선지자들을 삼가라 양의 옷을 입고 너희에게 나아오나 속에는 노략질하는 이리라

16 그들의 열매로 그들을 알지니 가시나무에서 포도를, 또는 엉겅퀴에서 무화과를 따겠느냐

17 이와 같이 좋은 나무마다 아름다운 열매를 맺고 못된 나무가 나쁜 열매를 맺나니

18 좋은 나무가 나쁜 열매를 맺을 수 없고 못된 나무가 아름다운 열매를 맺을 수 없느니라

19 아름다운 열매를 맺지 아니하는 나무마다 찍혀 불에 던져지느니라

20 이러므로 그들의 열매로 그들을 알리라

21 나더러 주여 주여 하는 자마다 다 천국에 들어갈 것이 아니요 다만 하늘에 계신 내 아버지의 뜻대로 행하는 자라야 들어가리라

22 그 날에 많은 사람이 나더러 이르되 주여 주여 우리가 주의 이름으로 선지자 노릇 하며 주의 이름으로 귀신을 쫓아 내며 주의 이름으로 많은 권능을 행하지 아니하였나이까 하리니

23 그 때에 내가 그들에게 밝히 말하되 내가 너희를 도무지 알지 못하니 불법을 행하는 자들아 내게서 떠나가라 하리라

24 그러므로 누구든지 나의 이 말을 듣고 행하는 자는 그 집을 반석 위에 지은 지혜로운 사람 같으리니

25 비가 내리고 창수가 나고 바람이 불어 그 집에 부딪치되 무너지지 아니하나니 이는 주추를 반석 위에 놓은 까닭이요

26 나의 이 말을 듣고 행하지 아니하는 자는 그 집을 모래 위에 지은 어리석은 사람 같으리니

27 비가 내리고 창수가 나고 바람이 불어 그 집에 부딪치매 무너져 그 무너짐이 심하니라

28 예수께서 이 말씀을 마치시매 무리들이 그의 가르치심에 놀라니

29 이는 그 가르치시는 것이 권위 있는 자와 같고 그들의 서기관들과 같지 아니함일러라

behold Behold, I am coming soon! Rev 22:7,12

산상수훈과 함께 묵상하는
그리스도를 본받아 365

초판인쇄 · 2020년 12월 1일
6쇄 발행 · 2023년 12월 1일

지은이 · 토마스 아 켐피스
옮긴이 · 전주은
엮은이 · 비홀드

발행처 · 비홀드
등　록 · 2019년 8월 2일 제409-2019-000037호
주　소 · 경기도 김포시 월곶면 용강로57번길 86 B동 2호
전　화 · 070 4116 4550
이메일 · beholdbook@daum.net
인스타그램 · www.instagram.com/beholdbook

ⓒ비홀드, 2020
ISBN 979-11-967985-3-6
값 13,000원

 로고를 사용하도록 허락해 주신 어린양교회에 진심으로 감사드립니다.